もう「女の家事」はやめなさい

「飯炊き女」返上が家族を救う

佐光紀子
SAKOH NORIKO

さくら舎

はじめに――名もない家事は結局、尻拭い

女性の家事負担が減らないのは「名もない家事」のせい。そんな認識が広まり、名前のなかった家事に名前がついたり、その何割を妻が担っているといったことが、大きく取りあげられるようになってきました。

たとえば、ゴミ捨て。ゴミ出しという家事が、ゴミの収集日を覚えていて、当日ゴミをゴミ箱から出して、ゴミ捨て場まで持っていって、その後、空になったゴミ箱にゴミ袋をセットして、ゴミ袋がなくなったら、サイズの合ったゴミ袋を買ってくることまでの一連の作業だと考えると、結構な作業です。

その中で子どもがやるのは、ゴミをゴミ捨て場に持っていくこと。それ以外が名もなき家事、それが負担。その一つ一つを潰《つぶ》して分担していけば、妻の負担は減るはず！　というのが最近の論調です。

……それで、妻の負担は激減するんでしょうか？

いくら個別に名前をつけて、こんなものがある、あんなものがある、私、これも、それも、あれも、みんなやってる！　と言ったところで、本当にその家事が分担されるのかしら？　可視化すれば、「そうか！」と家族が納得して、明日からみんな動いてくれるようになるのかしら？

ひねくれもので、疑い深い私には、どうもそうは思えません。名前をつけてスポットライトをあてたら、また別の名もない家事が出てきそう。そう思えて仕方がないのです。なにしろ、こちらの想定する形で終わらなかった低レベルの家事や中途半端なところで投げだされた家事を「きちんと」終わらせようと思うと、不十分なところを誰かがカバーにはいらなければなりません。

使えないサイズのゴミ袋を誰かが買ってきてしまったら、それに気がつき、買い直す。食べた後の食器は下げてくれたけれど、テーブルの上にそのまま残っているこぼれた食べものを拭《ふ》きとる。そういう小さな尻拭《しりぬぐ》いは、果てしなく出てきます。

果てしなく続く尻拭い。でも、実は、私が尻拭いよりやっかいだと思っているのは、家中が「最終的にはママが出てきて尻拭いをする」のが当然だと思っていることだったり、そもそも、家族の家事がこちらの尻拭いが前提になっていることです。

「今日は私が残業。保育園のお迎えはあなた」そう言って出てきたのに、「急な残業が入った」って夫から電話がきて、カリカリしながら仕事を切りあげてお迎えに飛んでいった、と怒る若い仕事仲間。いざとなったら、妻がやってくれるという前提でお迎えを引き受ける夫と、最終的には私が行かなくちゃならないのだという責任を感じている妻では、気持ちの負担がだいぶ違うよなぁ、と思いながら、思いつめた表情の彼女の話を聞きました。

どうせ、最後はママが（妻が）なんとかしてくれる、と家族があてにしないで自分でなんとかしてくれるなら、気持ちもずいぶん楽になるでしょう。一方で、最後はどうせ私がやらなくちゃならないんでしょ、というドヨンとした責任感が軽くなれば、うまく責任が分担できるようになれば、ずいぶん家族との関係も変わってくるのではないでしょうか。

尻拭いをめぐって家族ともめるとき、思いだすのが学生時代に読んだJ・D・サリンジャーの『ライ麦畑でつかまえて』（野崎孝訳　白水社）です。その中に、こんな文章が出てきます。

誰かその崖から落ちそうになる子どもなんかがいたら、

どっからともなく現れて、その子をさっとキャッチするんだ。

そういうのを朝から晩までずっとやっている。

ライ麦畑のキャッチャー（つかまえ役）、僕はただそういうものになりたいんだ。


家事をみんなが適当にやって、生活や家族が崖《がけ》から転がり落ちないように、崖っぷちにたって尻拭いをしている私が、どうも、ライ麦畑のキャッチャーとかぶるのです。責任という重いプロテクターをつけて、実生活でずっとキャッチャーを続けている私。

「でもね、私はもともと、キャッチャーやりたかったわけではないのよ」どこかでそう思っている私がいます。なのに、いつの間にかキャッチャーを任されて、気がつくと、みんなにあてにされていたのです。

休む間もなくキャッチャーを続けるのは疲れます。いつまでこれが続くんでしょう。もし崖が、落ちて死ぬようなものでなく、ちょっとした土手なら、止める手を休めて、ちゃんとやらないと落ちることもあるから気をつけようと学んでもらうのはどうかしら、と思ってしまったりするわけです。

一方で、重いプロテクターでふらふらになったら、私も崖から落ちないように、支えてくれる手を育てておかないと、そのうち本当に落っこちちゃうぞ、という気もしなくはありません。そのためには、まずは、重いプロテクターを軽くしてみる、できれば外してみる。崖っぷちですべてをキャッチするのではなく、一部尻拭いの手をゆるめてみる……。そうやって、自分の守備能力を確認しつつ、キャッチャー業務、尻拭い業務を見直してみるのはどうでしょう。

「抱えちゃだめ。まずは、任せるの。あなたがいなくても回るシステムにしていかなくちゃ。何もかも自分でやるなんて、無理でしょう?」これは最近ボランティア活動で一緒になったオーストラリア人の友人の言葉です。「手放すのよ」なかなかそれができない私に、彼女は繰り返し注意してくれます。任せる。手放す。これは、ボランティアも家事も一緒です。

上手に手放して、尻拭いから、まずは気持ちの上で自分を解放しましょう。良妻賢母の家事から抜けだして、生活をまわしていく技術だと割り切って。家族の笑顔を私が支えるのではなく、笑顔の家族のひとりに自分もなる。そんな暮らしを目指したい。この本が暮らしを見直す小さなきっかけになれば幸いです。

佐《さ》光《こう》紀《のり》子《こ》

◆目次

第2章　脱・散らかった部屋ストレス

散らかる宿命の日本の家

もう「女の家事」はやめなさい

◆「飯炊き女」返上が家族を救う

第1章　脱・飯炊き女

飯炊き女は返上

「料理は愛情」はいつの話？

夕飯づくりは妻の、そして母の仕事です。少なくとも、いまの日本の多くの家庭では。

愛情料理研究家の土岐山協子《ときやまきょうこ》さんは、「家庭料理はお母さんがつくるものすべてが正解」だと言われます。「すごく身体が疲れたときは〝宅配〟の力を借りてもいい」けれど、「子どもに料理をつくる姿を見せ」「子どもと一緒に台所で料理を楽しみましょう」と母を励まします。

料理研究の大家・辰巳芳子《たつみよしこ》さんは、「家庭料理は栄養、経済、美味、衛生が絶対必要です。それは細心の注意と、弛《たゆ》まない努力と、深い愛情の積み重ねを日々の生活に、忠実に行う以外にはないものと思います」と言われます。

本来、家庭料理というのはこういうものだ、こうあるべきだと言われたら、おそらく日本全国津々浦々の人がうなずくでしょう。だから家庭料理は手づくりでなければならないのです。

　家族の健康は手づくりのお夕飯から。外食は身体に悪い。子どもの頃からそんなお題目を聞かされ、母親たちもそれを信じて家事を仕切ってきた日本の家庭では、全然夕飯をつくらないのは妻失格……と感じる人は、男性にも女性にも多いのではないでしょうか。

　土岐山協子さんは、料理は出汁《だし》をとるところから、という運動もしておられますが、確かに、いまレシピ本を見ずに出汁をとれる人はそう多くはないかもしれません。それどころか、料理といえば、クックパッドなり料理本を見て、大さじと小さじで調味料を量《はか》りながらつくるものだという感覚の人は、私を含めて多いのでは、と思います。

　でも、こうやって外から提供されるレシピに「忠実に従うほうが『正しい』『丁寧《ていねい》』と思われるようになってきた」のは、実は戦後になってからだ、と指摘しているのは、家庭での食のあり方の変化を調べておられる岩村暢子《いわむらのぶこ》さんです。

　戦後の専業主婦の中核を担った現在の80代の人々への対面調査を通して、終戦後、家制度から離れて都会で核家族を形成した彼女たちが、日本の「家庭料理」への考え方を大きく変えたというのが、岩村さんの調査結果です。

親に教わるよりはテレビや雑誌の情報と料理教室で料理を覚えた彼女たちは、「家庭の『食事づくり』において、同じものより『新しいもの』『違うもの』をご馳走とし、自分の感覚より『外部基準（計量）』でつくる時代へと、食事づくりの価値の転換を引き起こした人々」です。

いまの私たちには当たり前になっている、「レシピを見て料理」も「スプーンで量って料理」も、戦後つくられた新しい習慣だったのですね。

料理研究家の方々は、戦後こういったトレンドをつくった時代の最先端をいく人々だったと言えるでしょう。彼女たちの活躍が日本の豊かな食を今日まで支えてきた功績も、とても大きいと思います。

一方で、ＮＨＫ「きょうの料理」や日本テレビ「キユーピー3分クッキング」の立役者江上《えがみ》トミさんのモットーが「ご家庭の幸せは愛情をこめた料理から」だったことは見逃せません。

実際、２００２年に発売された「きょうの料理が伝えてきた昭和のおかず」（別冊ＮＨＫきょうの料理）の紹介文にも「日本が生き生きとして夢と活気にあふれていた昭和30〜40年代。食卓に上るのはお母さんの知恵と工夫が込められた愛情おかずばかり」とあります。

高度経済成長当時の日本は、時間の余裕のある専業主婦も多く、「料理が愛情」で、「細心の注意と、弛まない努力と、深い愛情の積み重ね」を反映させたお料理を食卓にのせることが主婦として重要と言われれば、多くの人が納得したのでしょう。そして、次々発信される新しいレシピは、彼女たちの主婦としてのプライドを支えるという意味でも、また、新しいものへの旺盛《おうせい》な知識欲を満足させるという意味でも、大歓迎されたのだろうと思います。

そこには、現代のワーキングマザーのように、「7時にお迎えにいって、帰宅して、子どもにごはんを食べさせて寝かしつけるまでに2時間！」みたいな差し迫った環境でごはんをつくる姿は想定されていません。

そもそも、立ち位置が違うのです。世の中の既婚女性の多くが専業主婦だった時代は、料理が愛情で、手塩にかけた家庭料理をつくることが推奨《すいしょう》されたかもしれません。が、働く母親が7割を超えた現代で、同じロジックが通用するかと言われたら、それは無理でしょう。

そう思うと、そろそろ、**「料理は愛情」**という刷り込みから、そして**愛情豊かな料理を**

つくるのはお母さんというステレオタイプから、そろそろ解放されてもいいのかなぁと思います。

日々の調理への負担感

手元に、1935年に書かれた『女中さん読本』（田中法善・編述　家庭勤労婦人共済会出版部）のコピーがあります。女中さんになる人たちの手引きとなる家事の指南書です。

掃除、洗濯、料理といった家事のやり方が書かれていますが、この料理の目的には、素材というのはそのままで食べるのでは、身体によくない部分があったり、ゴミや汚れがついていたり、ニオイがあったりと、問題があるものもあるから、いろいろな「方法でお料理をして安心しておいしく、消化しやすい状態にして食べなければなりません」とあります。

200ページほどの本の中で、40ページほどが料理のページに割《さ》かれていますが、そこに「愛情」という言葉は一度も出てきません。

そもそも、何人も女中さんを置くような大きな家では、女中さんが上女中《かみじょちゅう》と下女中《しもじょちゅう》に分かれていたそうです。上女中がするのは「座敷まわり」や裁縫《さいほう》など、下女中がするのは下働きでした。その下働きの主な仕事は台所仕事、つまり「飯炊《めした》き」であったと言われます。

江戸時代には飯炊き女と言われる人たちがいました。飯炊きとして雇われている女という文字通りの意味もあるけれど、江戸時代には大坂の泊まり茶屋で、酒食の給仕をしながら、身を売る女性のことをさしたそうです。

その後、明治、大正を経て昭和の初期の「飯炊き」が女中さんたちの仕事としては、裁縫などより評価の低い下働きの位置づけだったことを考えると、はたして当時、女中さんたちが「愛情たっぷり」のごはんをつくっていたかどうかには、個人的にはとても疑問を感じます。

こうして振り返ってみると、「家庭の幸せは愛情をこめた料理から」は、戦後の専業主婦のために用意された言葉だったのかもしれないなぁという気がします。

そう思うと、日々の調理を、健康を維持するための生活技術の一つくらいに、割り切る考え方もありではないでしょうか。別の言い方をするなら、料理は愛情、料理は手づくりでなければと、あまり責任を感じなくてもいいのではないかなぁ、ということです。特に、「愛情＝かけた時間と手間」という認識は、忙しい日々の食卓を準備する上で、調理をつらくする理由の一つのような気もします。

というわけで、**飯炊き＝愛情ごはんではなく**、健康を維持するための生活技術だと思うと、**家族みんなが自分の健康を維持するためには**、ある程度、みんなができるようになっ**たほうがいいのが調理です。**

まずは、食事づくりに対する考えやスタンスを少し変えてみると、食事づくりへの負担感が変わってくるから不思議です。

晩ごはんシンドローム

少し前に『晩ごはん症候群（シンドローム）』（フクチマミ）という漫画が出て話題になりました。イヤだなと思ってもつくらざるをえない晩ごはん。晩ごはんをつくるのが苦痛と感じていても、毎日料理をつくりつづけることを「晩ごはん症候群（シンドローム）」と言うのだそうです。

そこまでいかなくても、**夕飯づくりは、一日の終わりに構える最後の難関。**これをこなさないと、一日が終わらない、逃げられない、最後の大仕事……だと感じている人は多いのではないでしょうか？

その負担を多少でも分担するべく、たとえば夫に、「ごはんを炊いておいてね」と頼んでから仕事に出かける人もいます。それくらいは、やってもらいたい。そんな話は仕事仲間からもちらほら入っています。

ところが、「帰宅してみると炊けていないっていうことがよくあるの」というのは、共働きの友人の言葉です。お連れ合いに「頼んだのに」と言うと、「忘れてしまった」と悪びれずに答えるそうで、はたしてごはんを炊くのが彼の責任だという認識があるのかどうかも甚《はなは》だ怪しい、と友人はプリプリ。これが続くと、「わざと忘れているんでしょうって言いたくなるわよね」と、それを聞いた別の友人。こうした事態は、おそらく、あちこちの家庭で起きているにちがいありません。

一つ屋根の下に住んでいても、苦痛だと思いながらも黙々とごはんをつくりつづける律儀な人がいる一方で、ごはんのスイッチ一つ押し忘れてしまう、ごはんへの責任感ゼロの輩《やから》がいるのも現実です。

おそらく彼らの立ち位置は、食事をつくるのは本来別の家族の仕事だけれど、まぁ少しは手伝わなくちゃ、というところなのでしょう。

だから、朝忙しかったり、あわてて出かけたりすると、「ついつい」スイッチを入れ忘れたりするわけです。手際よくごはんをつくるのを邪魔しようと思っているわけでも、パートナーを困らせようとしているわけでもありません。

単に、自分がやらなきゃ誰がやる、という責任感が欠けているのです。だって、実際に自分がやらなくても、わが家には食事係が、妻という「飯炊き女」がいるのですから。

炊き忘れられたごはん

さて、家に帰ってきたら、頼んでおいたごはんが炊けていませんでした。頼まれた人はまだ帰宅していないか、子どもなら、すっかり忘れてテレビを見ているか……ごはんが炊けていないのを見た瞬間、「え!?」とわが目を疑う気持ちや「また?」というイラッとした気持ちは、もちろん相手には伝わりません。

なんで炊けてないのよ、と一日の疲れがドっと出て、座り込みたくなるこちらの気持ちにも、もちろん誰も気づきません。

夕飯の時間までそう時間もないのに、ごはんがないなんて。こちらは、あらかた下準備をしてすぐに食事が出せるように、朝のうちに準備をしたり、前の晩からおかずのやりくりや段取りを考えたりしているというのに！

忘れた家族への怒りはイライラ、カリカリ、メラメラくるものの、差し迫った問題としては、とにかく夕食を出して家族に食べさせなければなりません。

最大の問題は炊き忘れられたごはんです。それをなんとかしなければ、食事は出せません。では、具体的にはどんな選択肢があるでしょうか？

多くの人の選択肢は、大きく分けて次の３つのどれかではないでしょうか？

①おそらく、いちばん多いのは、大急ぎでごはんを炊きはじめるという選択ではないでしょうか。お米をとぐところまで家族がしてくれていたなら、スイッチを入れるだけ。これならまだ許せるという人も多いのでは？　あるいは、無洗米でサッと炊飯の準備。いい加減にしてよ、と相手に心の中で悪態をつきながら。

当然、ごはんを炊く時間がかかる分、食事を出す時間は遅くなります。炊き忘れた人以外に家族がいる場合、「お腹すいた！」の声に応えなければならないのは誰でしょう？　炊き忘れた人？　きっと、無意識に「ごめんね!!　ちょっと待ってね！」と言っているのは、何も悪くない、むしろ被害者のあなたでは？

②おうちに買い置きや冷凍のごはんがあれば、とりあえずそれをチンして出すという手もありますね。わが家は多めに炊いたごはんを常に小分けして冷凍してあります。

寝坊したときのお弁当対策用に、チンすれば食べられるレトルトごはんを常備していた時期もありました。この手のものを、解凍して出すのも一案です。とりあえず、日頃の備えがあなたを救う。失敗や家族の約束不履行《ふりこう》などの不測の事態に備えて常備してある食べもので対応します。

日頃から、不測の事態に対応できるよう、あれこれ準備しておきましょう。備えあれば憂《うれ》いなし。それが賢い妻というもの……でしょうか。

③買い置きも冷凍もないとなったら……でも炊きたくない……となると、ごはんを買いに走るしかありません。近所のコンビニに買いに行くか、スーパーか。雨でも降っていたら、もう最悪ですが。

どの選択肢をとってみても、最終的に落ち着くところは、ちょっと私が我慢して、頑張れば、「ごめんね、ちょっと待ってね」と声をかけながら、急いで家事をすれば、家族は丸く収まる、というところ。

確かにそのとおりではあるのですが、それは同時に、「大丈夫よ。あなたが炊き忘れても、最後は私が尻拭《しりぬぐ》いするから！」というメッセージを家族に発信していることにはならないでしょうか？

ご家族は、「まぁ、忘れたのは悪いけど、わが家には飯炊き女がいるんだから安泰《あんたい》だ」と思うでしょう。ごはんを炊き忘れても、「大したことではない」のです。だって、最後には飯炊き女が尻拭いをしてくれる、それが僕の（私の）家の素晴らしいところなんですもの。

第4の選択肢

ここで、第4の選択肢を考えてみたいと思います。

もともと夕飯の準備は、一人がごはんを炊き、私の役割はおかずを準備することでした。

だったら、**相手が約束を守らなかったことはひとまず措《お》いておいて、自分は約束をちゃんと守る、そこに徹する、という選択肢**です。

どういうことか？

ご説明します。

私はごはんを炊く約束はしていないのだから、ごはんは炊かない。私が約束したのは、おかずをつくることなのだから、実際につくるのもおかずだけ。私だけが約束を守った結果、夕飯の食卓に並ぶのは、おかずだけ。以上、です。

炊き忘れに気づいた段階で、約束を守らなかった家族がその場にいたら、炊けていないことに気づいた時点で、「あれ、今日、ごはん炊くの私だったっけ？」と聞いてみるのは一案です。

本当に忘れていたなら「あ、忘れてた！」と動きだすでしょう。それでごはんがちょっと遅くなっても問題なし。その場に当事者がいないときは、淡々とおかずのみ準備をします。

ここで**大事なのは、あなたは約束を守らなかった、と相手を責めないこと**です。黙々と自分の約束だけを守って、あとはテーブルの上に並んだものの状態から、「あなたが約束を守らなかった結果」を感じとってもらえば、それでいいのではないでしょうか。

わが家では、夏休みになると、３人の子どもたちにごはん炊きと風呂掃除、犬の散歩を分担してもらっていた時期がありました。

ルールは１つだけ。「都合が悪くなって、できないときは、３人の中で相談してなんとかしてください。お母さんは尻拭いはしません」

そうは言っても、必ず「ごはん炊く時間に間に合わない！　お母さん、やっといて」という連絡が来ます。そんなとき、「ごめんね。私はいまできないから、他の二人に相談してみてね」と線を引いて、尻拭いは引き受けませんでした。

結果的に、家族が食卓にそろったら、ごはんがない！ということが何回か起こりました。そういうとき、私は自分のつくったおかずだけをテーブルに並べました。

当然「あれ、ごはんないの？」という声が他の家族から上がります。「うん。炊けてなかったからね」特に怒るでもなく、誰を責めるでもなく、ただ、私のやるべきことだけを淡々とやって、ごはん開始です。

後で聞いたところによると、炊き忘れた本人は針のむしろだったそうです。「誰だよ、炊かなかったの」という他の家族の視線がものすごく痛くて、ごはんを食べている気がしなかった、と。

名指しでこいつが忘れた、と言われるのもつらいけど、ニコニコと「今晩はごはんがないの」と言われると、あんなに怖い笑顔はないと思ったそうです。

私自身は、「あなたも、いろんな事情でごはん炊けないことがあるんだから、朝ごはんが炊けていなくても、私が寝坊してお弁当をつくれなくても、怒れないわよね」と思っていたので、心からニコニコしていたのですが。

「本日はごはんなし」という日も

家族が家事を分担すると約束して、その約束を守らなかったとき、尻拭いをして、なんとかするのがよい妻、よい母だと考えるのが一般的かもしれません。でも、相手が約束を守らなかったら、その約束が守られなかった結果を、みんなで体験して、みんなで困ってみるというのは、必要なことではないかと思います。

誰かが（その誰かはたいてい妻であり、母であるわけですが）やってくれないと、こういう困ったことになるんだね、ということが、体験することで家族に伝わります。

先の例で言うならば、炊くと言ったごはんを誰かが炊かなかった結果、本日はごはんなし、という困った状況を共有してみましょう、ということです。

でも、まぁ、そういうこともありますよね、長い人生。一食くらいごはんがなくても、病気になってしまうことはないでしょう。そう思って、ゆったり構えましょう。相手が約束を守らなかったときに、相手を責め立ててしまうと、こちらが約束を守れなかったときには、こちらが責め立てられてしまうことになりかねません。

悪意があったわけではなく、なんらかの事情でできなかったということも踏まえ、とりあえず、相手が約束を守らなかった事実だけを受けとめて、あとは淡々と自分が本来やるべきことをやればいいのです。

その結果、ごはんのない夕飯を食卓に並べてみると、どうでしょう？　私が「尻拭いをしなかったイヤな妻・ダメな母」に見えるかというと、そんなことはありません。

むしろ、自分はちゃんと約束を守ったのに、約束を守らなかった人のためにごはんを食べられない事態を一緒に共有してあげるいい人に見えるのではないでしょうか。

たとえば、ごはんを炊かなかったのが夫だったとしたら、ごはんのない食卓に「なんでごはんがないんだよ！」と声を荒らげることは、大人ならしないでしょう。だって、約束を守らなかったのは自分なのですから。

百歩譲《ゆず》って相手が文句を言ったとしても、「ごはんが炊けてなかったからだよ。おかずはつくったから、食べましょう」でよいのではないでしょうか。

あなたが炊き忘れたからでしょ！ と言いたいところかもしれませんが、それは本人もよくわかっているわけですから、こちらとしては、あくまでも「私はやることやってるよ」。そして、あとはスルー。本人が当番だったことを忘れているようなら、ひとこと、「え？ 今日は私が炊くって言ったっけ？」「私がごはん炊くんだったっけ？（違うよ、あなたがやるって言ったじゃない？）」と思い出させる手もありかもしれません。

食べてくれない病

いつもおいしく食べられるとは限らない

実母の口癖は「おいしいから、食べなさい」……確かに料理上手な人ではあるのですが、食欲がない日も、今日はこういうものは食べたくない日も、残すと母は、「あら、おいしいのに」と残念そうに言うので、ついつい頑張って食べることになってしまいます。

ずいぶん前ですが、母が弟にいつものように「おいしいから、食べなさい」と言うと、弟が、「お母さん、おいしいかどうかは、食べる僕が決めるから、お母さんは黙っていて」と言い返したことがありました。

弟の言葉を聞いて、私はその通りだ、と思いました。が、どうやら母もその通りだ、と思ったらしく、それ以来、以前ほど「おいしいから、食べなさい」と言わなくなりました。出された食事をおいしいと感じるかどうかは、体調にもよります。お腹の具合が悪いときは、油っぽいものは食べたくないし、熱っぽいときは、冷たくてのど越しのよいものがほしくなります。

また、食感や好みもありますから、どんなに「最高の味だよ」と言われても、ドリアンやくさやが苦手《にがて》という人はいるでしょうし、パンも、硬いフランスパンが好きな人もいれば、ふわふわの食パンをおいしいと思う人もいるわけです。

そう考えると、出したものをいつもおいしく食べられればベストではありますが、いつもそうとは限りません。その人の体調や状況によっておいしく感じられるものが変化するからです。

日本では食事は愛情のバロメーター。食事は愛情のこもったものであり、愛情がこもった食事は栄養バランスもよければ、味もおいしい、という不動の前提が食事にはあるように思います。

でも、実際には、食べる側の立場に立ってみると、食欲のない日もあれば、いつもより、食事がしょっぱく感じられて箸《はし》が進まないという日もあるでしょう。人間ですもの。それを、「愛情がこもっていておいしいんだ」「残さず感謝して食べろ」というのも妙な話です。逆もしかりです。「愛情を込めたんだからおいしいはず」。残されると、なんだか自分の料理を否定されたような気持ちになるのは、料理の裏側にあるはずの「愛情」を否定され、本来なら「料理に込めた愛情に感謝されるはず」なのに、感謝して完食するどころか、残すことで、愛情を拒否され、感謝が感じられないからではないでしょうか。

おいしいと感じるかどうかは、体調にもよります。こちらの愛情を感じなかったからおいしいと思えないわけでもなければ、感謝していないから残すわけでもないでしょう。

そろそろ、「料理は愛情のバロメーター」という刷り込みから、私たちは解放されてもいいのではないかなぁと思うのです。

お弁当は愛情ボックスではない

子どもが小さい頃、お弁当が完食できないと、「お弁当の量が多かったのでは？」「もう少し食べやすい形にしてあげてくださいね」「カラフルで見た目にも楽しいお弁当だと喜びますよ」などと、幼稚園などで先生からアドバイスされた経験のある人は多いかもしれません。

特に食の細い子どもを持つと、まるで、食べないのがお母さんのせいであるかのごとく、とかくアドバイスされがちです。

先生方からのアドバイスを通して、母親の側は、「お母さんが、見た目にもカラフルで楽しくて、食べやすい形で、適量のお弁当を作れば、子どもは完食するものだ」というメッセージを受けとります。

言い方を変えると、これは、「子どもが完食できないとすれば、それはお母さんがちゃんとしたお弁当をつくれていないから」というメッセージです。そう言われると、母親の多くは、「そうか、私のつくり方が悪いのか」と感じるのではないでしょうか。

食事に愛情がことのほか強調される日本では、「お母さんがつくった、愛情たっぷりのお弁当を子どもが残すはずがない。愛情がこもっていれば、ごはんはおいしく、自然と完食できてしまうものだ」が大前提になっているように見えます。

だから、お母さんの愛情を無にしないよう、子どもは完食しなければならないし、完食できないお弁当は配慮（＝愛情）の足りないダメなお弁当にされてしまうのではないでしょうか。

この不動の大前提に、「いや、そんなことないでしょう。私の愛情の前に、子どもの食欲じゃない？」と異議を唱《とな》えたのは、アメリカの社会学者のアン・アリソンです。

日本で幼稚園に子どもを通わせながら、日本の社会の研究をした彼女も、幼稚園の先生から似たようなアドバイスを受けました。そのときのリアクションが、お弁当の腕前の前に子どもの食欲だ、というものでした。それどころか、彼女は、「日本ではこうやって、学校教育を通して母親が母親のあり方を教育されている」と分析しています。

このお弁当＝愛情ボックス説を盾《たて》に、全国の政令都市では唯一、中学での給食を実施していないのが横浜市です。林市長の説明では、「ご家庭でお弁当をつくることを希望される保護者もいらっしゃる」（２０１９年6月19日　市長定例記者会見　横浜市）ことから、横浜市では「家庭弁当」が基本とされています。

市が提供するお弁当という選択肢もあるわけですが、15分のお昼の時間にお弁当を取りに行って、後片づけまでしているとほとんど食べる時間がなく、市の弁当が普及しない（２０１９年2月20日　朝日新聞）といった記事を読むと、忙しい中学生の生活を支えるには、家でつくったお弁当が便利、ということなのかなぁという気もしてきます。

それを、母の愛情、子どもに何かしてあげたいという思いを込めるのが「お弁当」と言われると、お弁当づくりを拒否しにくいのが現実ではないでしょうか。

でも、愛情として子どもに何かするというのであれば、なにもそれがお弁当づくりと市から限定されなくてもいいわけです。部活の話をうんうん、と聞いたり、子どもとお月さまを眺めたりでもよさそうなものですが、なぜ、お弁当を押しつけるのでしょう？

完食できるかできないかや、お弁当をつくるかつくらないか。そんなことは、私の愛情とは何の関係もありません。私は私らしいやり方で家族に愛情を伝えます。もうそろそろ、そう言ってみてもいい時期ではないかなぁ。そう思います。

離乳食の「食べてくれない」問題

離乳食につきものの、赤ちゃんが食べてくれない問題。せっかく時間をかけてつくったのに、食べてくれないわが子に泣きたくなったり、イライラしたり。これって、私が子育てをしていた30年以上前から、ずっとずっと続いている親子の闘争です。

赤ちゃんが寝ている間などに、こちらも休みたいのを我慢してせっかくつくったごはんを手でぐちゃぐちゃにされたり、舌で押しのけられたりすると、確かに凹《へこ》みます。

私も、おそらく「食べて、食べて、食べなさい！」とすごく真剣な顔で、子どもの口にスプーンを運んでいました。そして、お約束通り、食べないわが子。

ところが、ある日その私たち親子を見て、「ママがそんな切羽詰《せっぱつ》まった顔してるのに、そのママとサシでごはん食べろって言われても、食欲わかないんじゃない？」と言われたのです。

そう言ったのが、夫だったのか、実母だったのか、遊びに来てくれていた友人だったのか思い出せないのですが、このひとことで私の張り詰めていた「食べて！ヒステリー」が一気に瓦解《がかい》しました。

そうだよね、私に、怖い顔で「食べて、食べて」って言われたら、食べたくなくなっちゃうよね。それに気がついてからは、私も息子も楽な気持ちで食べられるようにしよう、と決めました。

その一つの方法は、「せっかくつくったのに」と怒りたくなったり、「食べてくれない」と泣きたくなるほどの手間と時間をかけないことでした。

具体的には、豆腐を味噌汁からすくいあげて軽くつぶして食べさせてみたり、ジャガイモや山芋《やまいも》を煮て薄めた味噌汁とまぜてみたり、大人の食事にお湯を足して薄味にしたものをつぶして食べさせる程度にとどめました。

私は私でできる範囲でつくるから、あなたはあなたで食べられる範囲で食べてちょうだい。共同の生活だからね、ママの負担だけを増やすのはなしよ、という気持ちでした。

遊び食べがひどくなってからは、途中で脱走できないように、テーブルに引っかけるタイプの椅子を使いました。集中力が途切れて食べなくなったら、予定の半分でも、もうおしまい。

また、遊び食べで、床に食べものが散乱すると、後片づけが一苦労。それはそれで、イライラのもとになるので、天気のいい日は極力公園に行ってベンチでごはん。そこまでの気力や時間がないときは、ベランダにお風呂マットを敷いて、そこで食べることにしました。

子どもの体調や食欲には個人差もあり、日ごとの差もあります。食事づくりは、あまり思いつめずに、**ママがご機嫌にできる範囲ですれば十分**ではないでしょうか。

余談ですが、なかなか離乳食が進まなかった時期に、シッターさんのお宅ではよく食べるという、情けない現実がありました。

「おばあちゃんが、うどんつぶして食べさせたら、つるつる食べちゃったの。夕飯はいらないかもしれないわ。ごめんなさいね」「今日は、おかゆに梅干しちょっと入れたらすっぱくて驚いてたわよ。でも、結局全部食べました」と迎えに行くと言われるのです。

そこで、「そんなものも食べるのか」とヒントをもらって、家で試してみたりしました。が、いま思うと、おばあちゃんに抱っこされて賑《にぎ》やかに食卓を囲むのがよかったのかもしれません。

子育て中は、何を何時に食べさせるといった細かいことまで自分で管理したくなりますが、あの時期、おおらかなご家庭に預かっていただいて、よそのお宅の食卓の様子がわかったことは、私にとっても息子にとっても、とてもプラスだったと思います。

味の嗜好は食べる人任せ

アメリカ人の友人の多くは、フライドポテトにケチャップをつけて食べます。

先日、出されたフライドポテトの上から友人がケチャップをかけそうになったので、「ポテトに直接かけないで。私、ケチャップのついたポテト嫌いなの」と、ビックリして止めたことがありました。

「あら、ケチャップなしでポテト食べるの？　珍しい人ね」と友人たち。

ケチャップいらない派は私ひとりだったので、多数決だと負けてしまうところですが、別途ケチャップ用取り皿をもらって、事なきを得ました。

なんでこんな話をしたかというと、同じものでも、人によって味の嗜好《しこう》が違うということを言いたかったからです。

カフェでもファストフード店でも、コーヒーを頼むとブラックで出てきます。クリームと砂糖も出てきますが、脇に添えられていて、「お好みで調整」するのがお約束です。

いつでも、スティック一本の砂糖を入れる人もいれば、半分の人もいるし、まったく入れない人もいます。つまり、コーヒーを出す側は、コーヒーの味にはある程度責任を持つけれど、最終的な味の調整は個々人の嗜好で違うから、自分で調整してね、というスタンスなのです。

同じことは料理にも言えます。だから、西洋料理の場合は、テーブルに塩とコショウが置いてあります。ケチャップはありますか、マスタードをください、オリーブオイルをいただけますか、といった調味料の追加を頼んでも、大概は応じてもらえます。最終的な味の調整は、本人に任されているからです。

これは、中華料理でも同じこと。酢、醬油《しょうゆ》、ラー油などは定番でテーブルに置いてあります。そういう意味で、いちばんテーブルに調味料が少ないのは、日本料理かもしれません。あってせいぜい醬油。場合によっては七味唐辛子《とうがらし》くらいでしょうか。

日本の料理では、調理する側が味の責任を持つというのか、最後の味の調整まで、つくり手が責任を持つ傾向があるのかなぁと思います。

ラーメン屋さんなどでも、頑固一徹のおやじさんがやっていて、食べ方にまで指示が入る……みたいなお店が妙に人気があったりするのは、スープの最後の一滴まで責任を持つ、つくり手の姿勢を日本人が評価するからでしょう。

まぁ、お金を払ってわざわざ食べに行くものについては、「この食べ方がいちばんおいしいんだ」という味を体験してみるという意味で、それでもいいかもしれません。

でも、毎日の食事については、体調や気候によって、「今日は濃い味は食べたくない」とか、「二日酔いだからあっさりした冷たいものがいい」とか、「疲れているから酸味がおいしい」といった変化が起こります。

そうした嗜好の微妙な調整は、食べる人の問題で、つくり手はそこまで責任は持てないと思うのです。

ところが、頑固一徹のラーメン屋さんよろしく、最後の味つけまで責任を持つのが日本の料理。「ちょっと味が薄いんじゃない」と家族に言われると、「あら、ごめんなさい」なども謝ってしまったり、「じゃあ、醤油足す？　塩がいい？」こちらの落ち度と言わんばかりに、味つけをやり直したり。

でも、そういう最終的な微調整は、食べる当人に任せてよいのではないでしょうか？　彼らの口に合わないのは、こちらの落ち度ではなく、嗜好の問題なのですから。

味は薄めにして、あとは各自で調整してもらいましょう。もちろん、あら、ごめんなさい、と謝る筋合いもなければ、「じゃぁ、醬油足す？」と醬油を取りに立ちあがる必要もないと思うのです

顔色を気にしない献立づくり

知り合いのおうちは、「夕飯に丼物《どんぶりもの》はＮＧ」だそうです。「私は別に丼物でも気にならないんだけど、主人が認めないって言う」のだとか。だから、彼女はお連れ合いが家にいる日は、おかずとごはんと、味噌汁を準備。「私ひとりだったり、子どもと私だけだったら、丼物にしちゃうけどね」と言うのです。

要するに、夫が食卓にいる場合は、彼の顔色を見て献立を考えているということです。

つくってもらう人が、「これは認めない」って、つくってくれる人に言うのはちょっと

失礼よね、と思うのは、私だけでしょうか？

「丼物はダメだ」って言われたら、「私は丼物でもいいと思っているので、あなたがダメだと思うなら、納得のいくものをスーパーで買ってきてくださいって言ってみれば？」私がそう言うと、友人はとてもビックリしたようでした。そして、「そんなことしたら、一週間くらい、機嫌悪くてたいへんよ」と苦笑い。

夫のご機嫌を損《そこ》ねないようにお守りをする……のは妻として愛情がある感じはしますが、お守りされるのが当然の夫ができあがってしまったら、一生お守りから解放されません。

むしろ、こちらはそれなりに考えたものをつくっている、というところでひとつ気持ちに線を引いて、**「私がそれなりに考えたものが気に入らない場合は、お好きなものを買い足してください」**という考え方もありではないでしょうか。

けんか腰で「私がつくったものが気に入らないなら、好きなものを買ってくればいいじゃない！」と言うのではありません。全部あなたの納得いくようには、なかなかできないから、納得いかないことは、自分で適当に補完してくれると助かる、くらいの立ち位置はどうでしょうか？

今日はくたびれたから丼物という日は、「夕飯、カツ丼です。他のものが食べたければ、なんか適当に買ってきてね。よろしくね」とメールするくらいの感じです。

わが家では、ずっと以前、カレーをつくった後に、家人が鯛《たい》をまるごと買ってきたことがありました。カレーと鯛という組み合わせが他の家族に歓迎されるとも思えず、私は怒りで噴火しながら夕飯をつくり直しました。

でも、あんなに怒らなくても、「あぁ、もう、カレーつくっちゃったから、鯛食べたかったら、鯛食べたい人が調理してくれる？」と線を引いてしまえばよかったんだなぁと思います。

怒りながらも、相手が買ってきたものを調理して出せば、相手は、こっちが好きな食べたいものを買ってくれれば調理してもらえるのが当然だ、と思うでしょう。

事前に連絡も入れず、夕飯の献立も確認せず、勝手に好きなものを買ってくるという困ったちゃんの尻拭いを、こちらはしなければなりません。そして、それは何度かやってしまうと、抜け出せなくなってしまう尻拭い蟻地獄《ありじごく》です。

「もう、別のものつくっちゃったよ。今度からは買う前に連絡ちょうだいね。どうしても、今日食べたければ、自分でやってね」とふんわり線を引くことで、相手は、買う前に連絡しないと自分がつくる羽目になることに気がつくでしょう。

多少、機嫌は悪くなっても、そのほうが、延々と続く蟻地獄にはまるより、よいのではないかと思うのです。

数字に翻弄されない食事術

献立の数は大事？

女性誌の記者さんの取材の後に、「サコウさんって夕飯のおかずいくつ、つくっていますか？」と聞かれたことがあります。

「3品くらいつくることが多いかな」と答えると、「なるほど」と記者さん。そのまま彼女は帰ったのですが、編集部に戻ってから「3品は妥当《だとう》か」で、みんなで議論になったという話を、後日彼女から聞きました。

2品でも十分じゃないか、という人もいれば、3品じゃ寂しいという意見もあったそうで、まぁ、3品というのは、妥当な落としどころかも……というのが、話し合いの結果の彼女の見解でした。

まわりの話を聞いていると、夕食に何品つくるかは、かなり大きな問題のようです。品数が少なすぎると「手抜き」だと思われるとか、「足りないと夫の機嫌が悪くなる」とか、理由はさまざまです。

私自身は、数字にすごくこだわりがあるわけではありません。ただ、私自身が晩酌《ばんしゃく》をするので、メイン1品だけだと、なんとなく寂しいので、自分がつまみたいものを家族分用意すると、なんとなく3品くらいになるというのが実際のところです。

でも、3品くらいあればいいという目安でしかなく、ガッツリつくったもの以外は品数に数えないという意気込みはありません。ですから、冷や奴も1品ですし、トウモロコシをチンして切って出しても、わが家では立派な1品です。もちろん、チーズとか、野菜スティックとか、まぁ、居酒屋で1品に数えるものはわが家でも1品扱いです。

ずいぶん前ですが、子どもたちが保育園に通っていた頃、夕飯にスパゲッティを食べたいというので、ご要望にお応えしてスパゲッティを用意しました。ところが、子どもたちは食べながら、「保育園だと、これにサラダとデザートがつくね」「そうだね」と話しているのです。

いまから思うと、子どもたちは私がつくったものに文句を言うつもりはなかったのかもしれません。ただ、事実を、わが家と保育園の違いを話題にしただけだったでしょう。

でも、私は品数が少ないと批判されたような気がして、カチンときました。と同時に、そうか、ミートソースだけだと、野菜が足りないのか、とも思いました。

以来、スパゲッティやカレーライス、チャーハンなど、白米以外がメインのときは、単品で出さずに、トマトを切ったり野菜スティックをつけたりはするようにしています。ふだんは、ごはん、味噌汁、プラス簡単なもの3品ですが、こういうものがメインのときは、メイン＋1品です。

全部で2品の日もあれば、おかずだけで3品の日もある。それで十分ではないでしょうか。そんなに**数字にこだわって、自分を追い込まなくてもいい**のでは、と思います。

一方で、おかずが少なくて寂しいという家族がいたら、その人に寂しくならない程度のものを買ってきてもらうというのも一案です。その場合は、買ってきてくれたことに感謝して、一緒にお相伴《しょうばん》にあずかってしまいましょう。

調理時間は愛情に比例？

2019年4月に日本水産がインターネットで実施した「共働き家庭の結婚当初と現在

の料理事情を大調査」は、20〜40代共働き男女５００名（男性：41名、女性：４５９名）が、新婚当時といまの調理の状況について回答するというおもしろい調査です。

これを見ると、結婚当初は、「手づくりのおかずを1品以上必ずつくっていた」人が66%、レトルト・冷凍食品は極力使わないようにしていた人が42%（複数回答）にのぼります。

手づくりと時間をかけることにこだわっている人が多かった理由はというと、「パートナーへの愛情表現になると思ったから」（79%）、「〝おかずの品数が多い家庭＝理想の家庭〟というイメージがあったから」（77%）！

ナント8割近くが、料理は愛情表現だからと頑張っていたというわけです。「料理は愛情」の呪《のろ》いは深いなぁと、調査結果を見てうなってしまいました。

ただ、ここからがおもしろくて、「料理に手をかけることにこだわらなくてもよいと感じるようになったのはいつですか」なんて聞いているんですね、ニッスイさん。

平均すると1年強で呪いがとけたと共働きのみなさんは答えています。とはいえ、結婚当初からあまり気にしていなかったという人もいれば、10年くらい頑張ったという人もいて、実際には結構ばらつきがあることが感じられます。

私自身もそうでしたが、仕事があると「そんなことまで手がまわらない」現実が、呪いを解くのに一役買うこともありそうです。一方で、専業主婦だったり、途中からパートに出たりという場合は、「仕事をしていないんだから、手をかけなければ」という責任感などもともなって、呪いから解放されるまでにもっと時間がかかることも、珍しくはないでしょう。

そして、手づくりにこだわらなくてもいいと思うようになった理由を尋《たず》ねると、実に83％の人が、「時短レシピや手抜きレシピに頼っても配偶者からの愛情は減らないと思えるようになった」からという答えでした。

その通りだと思います。調理時間＝愛情の強さ、深さ、なんていうことはありません。日本では、手づくりの重要性を強調しすぎるあまり、「手づくりの食事は愛情表現」だの「家族の健康は愛情のこもった手づくりから」だの、手をかけることと愛情を結びつけて語る傾向があまりにも強くはないでしょうか。

結婚当初は、料理の手際が悪く、何十年も食事づくりをやってきた人に比べて調理に時間がかかるのは当然です。でも、手際がよくて調理時間が短いから、その人の家族への愛情が薄いことにはなりません。

日本水産のアンケートで7割の人が、夕飯で大事なのは「調理時間が短いこと」と答えているのです。もうひとつ、7割近くの人が重視しているのは、「栄養のバランスがよいこと」そして「野菜が食べられること」。

そこに愛情という文字はいりません。繰り返しますが、**食事は愛情のバロメーターではなく、生活技術の一つ**だと割り切ってしまったほうがよいのではないかと思います。

家族の好みに近い味が手軽につくれるインスタントやレトルト食品は、必要な生活技術だと考えて、必要に応じて使いまわしていけばよいのです。

短時間で食事が準備できることは、手抜きではありません。**短時間でできる技術が身についている**ということです。それは、胸をはっていい技術です。そして、ぜひ、その技術を持っていない**家族にも伝授すべき技術**です。

食事をつくってくれた妻に先立たれた夫が体調を崩《くず》すのは、愛情の欠けた食事のせいではありません。健康を維持するための食事をつくれるだけの生活技術がないからです。

そう考えてみると、手間暇愛情をかけて食事づくりをしたために、夫が窮地に陥《おちい》ることになるわけで、それが本当に愛情かというと、どんなものでしょうか？　そろそろ、手間暇は愛情の呪いから、抜けだしたいものです。

数字好きの日本人

１９８５年に当時の厚生省（現・厚生労働省）が「健康づくりのための食生活指針」を策定しました。この冒頭にあるのは、

1　多様な食品で栄養バランスを
　○　一日三〇食品を目標に
　○　主食、主菜、副菜をそろえて

という文言です。その心はというと、

からだに必要な栄養素は毎日過不足なくとるよう心がけることが大切です。このためには、次の六つの食品群をもれなく組み合わせて食べることが、食品のとり方のめやすとなります。

また、料理の素材として使用する食品の数としては一日三〇食品を目標とすれば、自然に必要な栄養素をバランスよくとることができます。

ということで、目標として掲げられてきた30品目。ところが、これ、2000年に削除されたそうで、いまの厚労省の食生活指針には出てきません。

削除されて20年が経っていますが、最近でも「1日30品目」でインターネットを検索すると、「この神話は過去のもの」といった記事から「バランスを考えた食生活を」といったものまで、いろいろな記事が出てきます。

インターネットの記事情報によると、30品目とるとカロリーオーバーになるということで削除されたのだそうです。

それに代わってここ数年見かけるのが、1日14品目が目標といった新たな数値目標です。

また、東京都などでは、1日の野菜の摂取目標を350gと定め、成人男性の野菜摂取量は300gを切っているので、意識して野菜を食べましょうと呼びかけています。

こういう数値は、数字というはっきりした形の努力目標があったほうが頑張れる、ということで設定されているのでしょうか？

他国の例を見ると、たとえば２０１３年に策定された「オーストラリア人のための食事ガイドライン」は科学的データに基づいていることを謳《うた》ったものですが、ここに出てくるのは、肥満傾向の原因になりやすい主な食品（ジュース類）や野菜が身体にいい理由といった話が中心で、具体的な数値目標は出てきません。日本よりもっとゆるやかに、減らしたほうが身体によさそうなもの、食べたほうが健康に役立つものが理由とともに記されています。

アメリカでも政府から「Choose My Plate」（自分のお皿に食べものを取りわけるとき、健康によい食事内容になるようにするアメリカの食事教育）という食事づくりのヒントとなるガイドラインが提供されていますが、こちらも、デザートの代わりに果物を推奨したり、全粒《ぜんりゅう》の穀物を食べましょうといった提案はあっても、一見したところ、具体的に１日に摂取すべき目標値は、品目重量ともに記載はされていません。

身長も体重も、食生活のパターンも多様な多民族国家では、標準的なガイドラインが策定しにくいという現実もあるかもしれませんが、**一つの数字が全員にあてはまらないのは、日本も同じ**ではないでしょうか。

そう思うと、目標設定をするのはよいことだとしても、そこに届くことがすべてではなく、届かなくても、明日があるさくらいに、ちょっと意識する程度が妥当なのかもしれません。

目標の数字があるのは、わかりやすいとはいえ、届かなくてプレッシャーを感じたり、料理がつらくなったりするのでは、本末転倒というものです。

四季のある日本では、旬《しゅん》のものを食べていれば、自然と食品は入れ替わっていきますから、あまり神経質にならずに数字とつきあっていきたいものだと、あれこれの目標値を見るたびに思います。

本当に気にしたい数字

食事にまつわる数字は、他にもいくつかあります。たとえば1日3食きちんと食べたほうがいいとか、もともとは2食だったのだから、3食では食べすぎだ……とか。

でも、不思議と、ほとんど話題にならない数字もあります。たとえば、会話を楽しみながらとる食事にかける時間とか、テレビを見ないでとる食事の時間とか。

個食の問題が取りあげられたり、朝ごはん運動の一環で「朝ごはんは家族そろって食べるのが正しい」といった形で、「家族そろった食事」を強調する傾向はあるものの、1日に「誰か」と食事をする回数などというのも、話題になっているのを見たことがないような気がします。

日本では、食事というのは、基本的に栄養を摂取する行為なのだなぁと、こうした数字を見ると思います。

何をどう食べるかには目が行っても、誰とどれくらいの時間をかけて食べるかというコミュニケーションとしての食事には、関心がないのでしょう。どうりで、横浜市の中学校のように、ごはんを食べる時間は15分でも、大して問題にもされなかったりするわけです。

長らくひとり暮らしをしている友人は、食事のときは人の声がしたほうが気持ちが安らぐからと、テレビをつけて食事をしていると言います。同じ理由で、朝ごはんのときはラジオを聞くという別の友人も。

怒鳴り声を聞きながら食べるごはんは、想像するだけでもまずそうです。穏《おだ》やかな人の声は、食欲を増進するまでいかなくても、箸を進める一つの要因にはなるでしょう。

知人のアメリカ人女性は、所属する教会に来る人たちの高齢化が進み、ひとり暮らしのお年寄りたちが、毎日誰とも話さずに食事をしていることに気がついて、月に一度「みんなでごはんを一緒に食べる会」を始めました。

「月に1回くらい、みんなで集まって、ゆっくりごはんを食べる日があってもいいじゃない？　お互いの様子もわかるしね」というのが彼女の意見です。

日本にも「同じ釜の飯を食べた仲」といった言い方がありますが、食事をしながら話をすることは、精神衛生上も案外大事ではないでしょうか？

文部科学省は家族全員がそろうことを重視していますが、私は、一緒に食べる人が家族でなければ、また全員そろわなければダメだ、とは思いません。

誰かとちょっと話しながらごはん。そんな日がひと月に何回あるか。食まわりの数字をあれこれ気にするなら、そんな**コミュニケーションとしての食事にまつわる数字こそ、もっと気にしたい**ものだと思います。

第2章　脱・散らかった部屋ストレス

散らかる宿命の日本の家

和洋折衷が生んだ混乱

戦後、人々が最も憧《あこが》れた家が日本住宅公団の家だったと言います。UR（都市再生機構）のウェブサイトには当時の様子を振り返って「出始めた家電の三種の神器、テレビ・洗濯機・冷蔵庫をちょっと無理して購入して、まさに時代の最先端の生活、憧れの暮らし」を実現したのが公団だったとあります。

住宅設備、機器会社のLIXIL《リクシル》によると、「昭和30（1955年）に設立した日本住宅公団（現・都市再生機構）は、西洋式のテーブルと椅子の隣にキッチン（台所）を配置したダイニング・キッチン（DK）を集合住宅の一つの標準タイプとしました」。

台所ではなくキッチンという言葉が使われていることからも推察できるように、公団の、そして日本の戦後の住宅の大きな転換は、西洋的なライフスタイルを取り入れることでした。

従来、「日本の家では、食事のときには和室にちゃぶ台を出し、それを片づけて布団を敷いて寝るというスタイル。それが団地では、食事する部屋と寝る部屋が別という点も画期的だった」（都市再生機構のウェブサイトより）のです。

その後、「リビング・ダイニング・キッチン（ＬＤＫ）というコンセプトが誕生。キッチンは、家族がほとんどの時間を過ごす家の中心としての役割を担っていきました」。

とはいえ、すべてが西洋化したわけではありません。たとえば、靴を脱いで家に入るという日本古来の生活様式は戦前と変わりません。

欧米では、コートを着るか着ないかが、家の内外を分けると言われます。だから、多くの家の玄関脇にコートをかけるクローゼットがついています。一方、日本では、靴を脱ぐか脱がないかで家の内外を分けるので、玄関には下駄箱が必須です。

着物が中心だった日本では、コートがわりの羽織もぺたんこに折りたためましたから、コートかけは大して重視されず、もっと重要だったのが下駄箱でした。けれども、みんながコートを着て出かけるようになった昨今《さっこん》、やはり玄関にはコートかけが必要ではないでしょうか。

コートを着たまま、リビングに入ってきて、リビングで鞄《かばん》を置き、コートを置き、帽子を脱ぐ……だからリビングが散らかるのではないでしょうか？

そう思うと、西洋化が遅れに遅れている玄関まわりがもう少し変わらないことには、リビングが多少散らかっても仕方がないよなぁと思うのです。

本物志向が裏目に

以前、日本にいるアメリカ人の家に遊びに行ったら、急須で紅茶を入れてくれたことがありました。

急須は日本茶を入れるものだと思っていた私は、ビックリ。でも、友人は、「だって、ティーポットだから、お茶でも紅茶でもＯＫでしょう？」と笑っていました。

ものが増えていく理由の一つは、最小限で済む同じ機能のものを、○○用といくつも抱えてしまうからだなぁ、と思うことがあります。

たとえば、家にいるとき、緑茶は急須で入れて、湯飲みで飲みます。でも、紅茶やコーヒーはティーカップやマグカップで飲みます。ごはんものの丼《どんぶり》とラーメン丼は別のものだし、西洋式のスプーンで用が足りると思いつつ、ラーメン・鍋物兼用のレンゲもあります……というわが家はその典型例です。

わが家には、家族の再々却下の結果、存在しないホームベーカリー。でも、友人の何人かは持っています。キッチンに、ホームベーカリーと炊飯器が並んでいるご家庭も多いでしょう。

日本では1日３食、パンを食べるわけではない（だから、わが家では却下されたのですが）けれども、２人以上家族のいる世帯の４分の1がホームベーカリーを持っています。２０００年頃には5世帯に1世帯がホームベーカリーを持っていると言われていたアメリカですが、いまは所有率はかなり下がってきているもよう。

パンを日常的に食べる人の多いアメリカでの所有率と比べると、夕食の８割はごはんという日本での普及率25％はかなりのもの。焼きたてにこだわる本物志向のなせる業《わざ》……と言えばもちろんそうですが、こうした本物志向が裏目に出ると、狭い家にものを増やす一因になってしまうことも、残念ながら否《いな》めません。

調味料にも似たようなことが言えます。知り合いに、スパイスをずらりとそろえて、カレーをつくるときはその調合から始める人がいます。

素晴らしい、かっこいい、本格的！　とうらやましい気はするものの、私がそんなことをすると、開けかけのスパイスばかり増え、結局捨てることになってしまいます。

そう思うと、**本物のかっこよさにも、どこかで線を引いて、自分の中に歯止めをかける必要があるのかもしれません。**

珍しい料理は、つくらないで買ってくるというのも一つでしょうし、そもそも珍しい料理はお店に食べに行くと割り切るのも一案かもしれません。

手づくりがよい、珍しいものをつくると家族が喜ぶ……のは事実でも、どこかで足を洗わないと、家の中にものが増えつづける、混迷を深めることも残念ながら起こりがちです。

行事好きが増やすもの

日本人は、会社は休まないけど、祝日は多い。まわりの外国の人がよくそう言います。おまけに祝日までいかないイベントも結構あります。そして、それにともなって、しつらえというのか、入り用なものがあれやこれや。

ずいぶん前の話ですが、わが家では長男が生まれたときに、私の実家から兜飾《かぶとかざ》りが送られてきました。2人目の男の子が生まれたとき、母からは「今度はこいのぼりね」と言われました。アパート暮らしでとても飾るところもないので、「2人で一緒に兜を楽しんでもらうからいらない」と言って断りました。

ところが、3人目が女の子だったので、今回は「もうある」という口実は使えません。お内裏様《だいりさま》とお雛様《ひなさま》だけとはいえ、そこそこかさばる代物《しろもの》がやってきました。

年に1ヵ月出すか出さないかの、こうしたかさばるお飾りをしまう場所に、他のものがしまえれば、わが家はもう少し片づくのかもしれません。

同じように、年に1回しか使わないクリスマスツリーも、しまう場所に毎年苦慮《くりょ》しています。

子どもたちは小さい頃、クリスマスのライトアップをしたい、よそのおうちみたいに、ベランダからサンタさんのお人形をぶら下げたいなど、いろいろな提案をしてくれましたが、基本的にはすべて却下。これ以上年中行事グッズが増えたら、ますます家の中が片づかなくなる、というのがその理由でした。

親を送る年齢に入ったせいか、まわりではお盆の提灯《ちょうちん》を……という話をよく耳にします。

昔からあった季節行事にご先祖様供養《くよう》と、それだけでも、必要なものや季節以外はしまっ

■日本の年中行事

1月	正月	門松・注連《しめ》飾り・鏡餅・重箱
2月	節分 バレンタイン	豆・鬼のお面・めざしとひいらぎ
3月	ひな祭り お彼岸	ひな人形・ももの花
4月	花見	
5月	こどもの日 母の日	兜・こいのぼり カーネーション
6月	衣替え	
7月	七夕	笹・飾り付け
8月	お盆	提灯・牛馬飾り
9月	お彼岸	
10月	ハロウィーン	カボチャ・コスチューム
11月	七五三	晴れ着・千歳飴
12月	クリスマス	クリスマスツリー・ライトアップ・デコレーション・クリスマスリース

ておかなければならないものはたくさんあります。

　新しいトレンドにまで手を出していたら、ものはますます増えつづけます。増えると、管理がますますむずかしくなるのは火を見るよりも明らかです。なので、**新しい行事は、極力外で楽しむことに専念し、家の中に持ち込まない。**しつらえやデコレーションも、極力ぺったんこにしてしまえるものを中心に選び、最近は、季節ごとの手ぬぐいを飾ることで、お花や大きな行事のデコレーションは避けるようにしています。

　行事好きが高じると、家の中のものは留《とど》まるところを知らぬ状態で、増殖していってしまいますから。

掃除は誰の仕事？

　第1章でも紹介した『女中さん読本』の掃除の章の冒頭は、こんな文章で始まります。

「『女中さん』のいる限り、その家の内外はもちろん、庭からお隣の境、さては物置等に至るまでキレイにお掃除が行き届いてなければなりません。一体にこのお掃除というもの程、その家の品位に関係するものはありません」

この後、目につかないところまでちゃんとするのが女中のいる家の掃除だといった話が続き、女中さんの几帳面《きちょうめん》さとマメさを試す基準になるのは、掃除がどれくらい行き届いているかだ、という展開になります。

ちなみに、明治時代の豊かな家だと女中さんは3人くらいいたらしく、清水美知子《しみずみちこ》関西国際大学教授のつくった表（『〈女中〉イメージの家庭文化史』世界思想社）を見ると、家事がどう分担されていたかがよくわかります。いまのように電化されていなかったとはいえ、食事と掃除は2人で一日がかりの仕事だったのです。

家の品位を左右するほどの掃除は、女中さんがいたからこそ成り立った話ではないでしょうか。

昭和に入ると女中さん不足が深刻になったと言います。『女中さん読本』が書かれたころには、ここまで徹底した分業はできなかったかもしれません。それでも、志《こころざし》は高く、『女中さん』のいる限り、（中略）キレイにお掃除が行き届いてなければなりません」ということになるわけです。けれども戦後、女中さんがいなくなったあとの核家族家庭に目につかないところまで行き届いた掃除を求めるのは無理でしょう。

女中のいない現代の家。家の品位を掃除の出来具合で測るのはやめましょう。キレイに

■明治時代の家事担当と時間割

	飯炊き女	仲居さん	小間使い
5：30	朝食準備		
6：30	弁当づくり	食事室の掃除	座敷の掃除
		座敷の掃除	床の間敷居の拭き
		配膳	掃除
7：00	女中部屋の掃除	座敷まわりの	座敷まわりのから
	台所の拭き掃除	雑巾がけ	拭き
	流しの掃除		
	朝食の片づけ	朝食の片づけ	
	食器洗い	食器拭き	
		食器の片づけ	
9：00		献立づくり	
11：00	昼食準備		配膳
12：00		配膳	
	昼食の片づけ	昼食の片づけ	
	食器洗い	食器拭き	
		食器の片づけ	
16：00	夕食準備		
17：00		配膳	配膳
18：00	夕食の片づけ	夕食の片づけ	
		食事室の掃除	座敷の掃除
		座敷の掃除	

お掃除が行き届いていなくても、ある意味それは当たり前のことだと思います。

家で眠っているマンパワーを引きだす

「女中の助けを失った私は、もう自分の仕事どころではありません。二つと四つになるふたりの子供をみながら、炊事も、掃除も、洗濯も時々は裁縫もしなければなりませんから、私としてはもうこれだけのことで手一杯」

こう言って、女中さん抜きでとても家の中をまわすのは無理！　と声を大にしているのは、雑誌「青鞜《せいとう》」を創刊し、女性の権利のために闘った女性、平塚《ひらつか》らいてうです。彼女が1918年に雑誌「婦人公論」に書いた記事を、清水美知子先生の著書で見つけ、転載したものです。

ちなみに、数ヵ月前に女中さんだった人が、工場に勤め口を見つけて出ていってしまった平塚家は、大パニックになってしまいました。

「女中の助けを失った私は、もう自分の仕事どころではありません」とらいてうは言います。そして、子どもたちの世話と家事だけで、「終日食事の時をのぞいては座る間もほとんどありません」と嘆くのです。

彼女の訴えは、いまの私たちから見ると、かなり大げさに聞こえますが、当時の家事がほとんど電化されておらず、手間と時間がかかったことを考えると、そうとも言えない、と清水先生。「幼い子供のいる家庭や主婦が職業を持つ家庭では、女中なしには生活が成り立たないケースも珍しくなかった」と指摘します。

清水先生の言う通り、現代の生活を当時と単純に比較することはできません。でも、たとえば仕事をしていて、日中家事をする時間が限られていたら、条件は当時の平塚らいてうさんと似たり寄ったりなのではないでしょうか。

女中さんのいなくなった現代の家庭で、仕事や介護に追われながら、女中さんのいた家庭のように家事と育児をきちんとまわしていくなんて、そもそも無理があるのです。

フルタイムなどで遅くまで働くワーキングマザーの多くが、家電をフルに導入し、女中さんやばあやならぬ実家の親を頼らなければならないのは、能力が足りないからでもなく、努力が足りないからでもありません。**絶対的なマンパワーが足りないからです。**

そのマンパワーを補って家事をまわしていくには、実家を頼る方法もあるし、家電を目いっぱい導入する方法もあるでしょう。急場をしのぐのに、外部のプロを一時的に導入する手もあります。

でも、長期的に考えると、家で眠っているマンパワーの潜在能力を引きだすのが、得策ではないでしょうか？

家事が愛情表現ではなく、日々の生活をしのいでいくための方法だと考えて、**できるものは頼む。任せたら、任せっぱなし。こちらで尻拭《しりぬぐ》いはしない。**そんな立ち位置で、パートナーや家族の生活技術を徐々に磨《みが》いていってもらったほうが、未来は明るいような気がします。

散らかっているのは誰のもの？

家にあるものを3つに分ける――その①　私のもの

テーブルのまわりを見まわしてください。あなたのものはありますか？　あなただけが使っていて、あなたの家族は使わないものはありますか？

言い方を換えると、あなた個人のもの。たとえば、アクセサリーの類い、化粧品、衣類、この手のものは、自分の采配《さいはい》で、どこにしまうか、どこに片づけるか、自由に決められます。家の中を片づける、ということを考えたときに、まず、最初に着手するべきはここです。

家の中のものを片づけましょう、と家族に声をかけるには、まずは、「私のものは片づいている」状態をつくることが先決です。

「片づけてね」と子どもに言って、「だって、お母さんのものだって散らかってるじゃん」と言い返されないように、まずは自分のテリトリーをきっちり守る練習を。

断捨離も、自分のものから始めて、自分のものがすっきりすると、生活はしやすくなりますし、家族にもアピールしやすいのではないでしょうか。

次に考えるのは、「家族のために、主に私が使うもの」でしょう。たとえば冷蔵庫、洗濯機や掃除機といった家電の多くはここに入るのではないでしょうか。こういうものは、私自身は自分のものというよりは、家族のものという認識ですが、家族の目には私のものと映っているようです。こうなると、その管理は私の手に落ちてきがちです。

たとえば、掃除機なども、子どもたちが小さいうちは、家中に掃除機をかけるのは私の仕事でしたが、ある程度大きくなって、子どもたちが自分たちの部屋を掃除するようになると、使いっぱなしという問題が発生しました。

「掃除機を使い終わったら元の場所に片づけて」と何度言っても、それはお母さんの仕事でしょ、と言わんばかりに、使い終わった掃除機を放置するので、私が掃除を始めるときは、掃除機を探すことから始めなければなりません。

きりがないので、「掃除機を元に戻せない人は、箒《ほうき》をひとり1本あげるから、箒で掃除してください」ということにしました。

「え〜、掃除機のほうが簡単だよ」

「掃除機を使うなと言っていないでしょう。あなたが管理しなくて、あなたが使うたびに私が掃除機をしまう仕事をしなければならないのはおかしいから、それなら、みんなで使うものは使わせません、って言っているだけよ」

こうして、少しずつ、すべてのものの管理は、母が管理するのが当たり前ではないのよ、使ったものは、自分で元に戻しなさい、を口ではなく、実行で伝えることによって、家の中にあるものを誰が使っているのかをはっきりさせていくと、家事のあり方も変わってくるように思います。

では、たとえば、テーブルに飾られている花はどうでしょう？

それは、家族のもの。だって、家族のために飾っているんですもの。

さて、どうでしょう？　この手の、やっている側は家族のためだと思っているけれど管理しているのはこちら、というものについては、家族がどう思っているか聞いてみるといいかもしれません。

家族にあまり関心がない場合は、家族の目から見ると、それはあなた個人のものだと映っていることもあるからです。逆に、「とても楽しんでいる。なければ寂しい」と言われたら、ときには、家族にお花の選定や世話を頼んでみるのもありかもしれませんね。

家にあるものを3つに分ける――その② 家族の私物

家族のものは、よく見ると、さらに2つに分けることができそうです。つまり、あなた以外の家族個人の私物と、家族みんなのもの。たとえば、息子のサッカーボール。娘のランドセル。夫の会社のカードキー、IDカードといった類いは、家族個人個人の私物に入ります。

一方で、家具類、テレビなどの家電は家族のもの、それに付属する家電のリモコンなど、みんなで使っているものは、家族の認識としても「家族のもの」ではないでしょうか。

家族個人個人のものの管理は、基本的にその人に任せます。家族それぞれ、他の家族の私物を勝手に見たり、捨てたりというのは、原則的にはしないのがルールです。

子どもが小さいときなどは、つい親が子どもの私物を管理し、捨てたりしまったりも、親の仕事のように錯覚しがちですが、わが家では、一応本人が片づける、捨てるかどうかの判断をするのを原則としてきました。

シールだのプリクラだのといったものも、「これ、いるの？」「捨てちゃっていい？」と声をかけ、とっておきたいと本人が言えば、「じゃあ、どこにしまう？」としまう場所を考えてもらいます。もちろん、小さいうちは「ここにしまっておくのはどう？」と提案することもありますが。

靴や洋服なども、もう汚くなったから、小さくなっちゃったから、「捨てちゃう？」という提案はしても、本人が納得するまでは、とりあえずキープ。本人のこだわりと納得具合に合わせて処分します。

一方で、「もう、しまう場所がないから、捨てたい」と子どもに伝えて、捨てる決断を促す手はありますね。ためこむと、しまっておく場所がなくなることは伝えておきたいことの一つだと思います。

中には、一見私物、実は、親のもの、という所有権がわかりにくいものもあります。典型が携帯電話です。買ってもらった本人は「自分のもの」だと思いがちですが、本体代も通信料も親が払っている場合は、親が買って貸与《たいよ》していることになります。

親の好意で貸してあげるものなのだから、使い方が不適切であったり、親が不当だと感じるほどの支出がともなったり、その携帯電話を貸してあげていることで当然できるはずの連絡ができなかったりした場合には、利用を止めたり、返却を要求することがある、ということは、貸してあげる前に再々説明します。

実際、男の子たちが反抗期の頃は、授業が終わって携帯電話を見たらＯＦＦになっていて使えなかったということが何度かありました。つまり、私が会社に電話して一時的に利用を止めたということです。

相手が子どもの場合は、誰のものか、管理の責任は誰かということをそのつど話をして、はっきり線を引いていく必要があるなぁということは、子育てをしながら私自身が苦い経験とともに学んできた部分です。

けれども、パートナーの場合は、相手も大人ですから、個人の私物は個人で管理の原則はできるだけ守ってもらう、一方でこちらも、相手のものに手や口を出さないというのは、大事なのではないでしょうか。

家にあるものを3つに分ける――その③　家族みんなのもの

たとえば、新聞は、主に読んでいるのが夫で、ふだんはそのまま会社に持っていく、あるいは、朝夫が読んだらその後、家族はほとんど読まない、ということであれば、ある意味でそれは夫のものかもしれません。逆にみんなが読むようなら、もちろん、それは「家族のもの」ということになります。

夫のものなら、日曜日にテーブルに置きっぱなしの新聞は彼に片づけてもらいましょう。雑誌もまたしかり。家族のものだったら、「私が片づけます。でも、捨てちゃっても文句言わないでください」が第一歩でしょうか。

捨てた後に「なんで捨てちゃったの!?」と言う人が出てきたら、次回からは、その人に管理を頼みます。

捨てられて困る人、捨てたときに文句を言う人が片づける、を原則にしていくと、家の中のいろいろなものに誰がこだわりを持っているかがはっきりしてきます。そういうものの管理は、こだわりのある人に任せましょう。

迷子になりやすいテレビのリモコンなども、いちばんよくテレビを見る人の担当に。といったって、わざわざ「今日から、あなたがリモコン係」と任命する必要はありません。「リモコン知らない？」と聞かれたときに、「知らない。最後、どこでテレビ見てたの？」と聞き返す程度です。他の家族から同じことを聞かれたら、「知らない。最後にテレビ見てたの誰かな？」「あ、オレ？」となれば「どこで見てたの？　ちょっと探して」と声をかける。見つかったら、「カゴに入れておいてね」とさらに一声かけておけば◎でしょう。

大事なのは、そこで、こちらがリモコン探しに出動しないことです。「いま、手が離せないから、あなた探して」や、「悪いけど、探してくれる？」もなし。そもそも、私はリモコン捜索隊でもなければ、リモコン管理係でもないのですから。

「いま、手が離せないから」とか「悪いけど」というひとことをつけて、探してと依頼すると、言外に「本当は私の仕事だけど」という気持ちがあるからです。その責任感は悪いことではありません。でも誰かに家事を任せるときは、責任感を手放すことも必要でしょう。

そうやって、本当は私の仕事だけど、お願いね、と言っていると、家族はいつまでも、お母さんがリビングの片づけをして当然という思い込みから離れられません。

リビングから出て、洗面所やお風呂場に行くと、「家族のもの」はいろいろあります。洗剤、シャンプー、リンスなども、みんなが同じものを使っていれば、やっぱりそれは「家族のもの」に入ります。けれども、家族の好みがいろいろ分かれるものもありますね。

生協などで掃除の講座をすると、ときどき「私は石鹸《せっけん》がいいけれど、子どもがボディソープを使いたがる」「石鹸シャンプーを使っていると子どもが嫌がる」という話に出合います。「そんなとき、サコウさんちはどうしてますか?」というわけです。

私が最初にその問題にぶち当たったのは、シャンプーでした。中学に入った息子が、友だちとシャンプーのブランドの話をしたとかで、「うちも○○にしようよ」と言いだしたのです。

提案があったときは、とりあえずはそれを試してみて、他の家族の意見を聞いてみています。家族全員が「ぜひ、これに」というときはそちらに変更しますが、どっちでもよかったり、反対の人がいるときは元に戻します。でも、本人がそれを使いたいのであれば、それは止めません。

「私はお金も出さないし、買いにも行かないけど、それでも使いたいものは止めないよ」というのが、わが家のスタンスです。もちろん、文句も言いません。自分が愛用しているものの文句を言われたら嫌ですものね。

ですから、サコウさんちはどうしていますか、という質問には「自腹で買ってくるものは、ご自由にどうぞということにしています」とお答えしています。

捨てていいもの、悪いもの

「捨てないで、でも片づけて」と言う家族

私以外の家族の私物を私が勝手に捨てると、たいへんなことになります。「お母さんは僕のものを勝手に捨てた！」と言われて大げんか……ということになりかねません。

基本的に、個人の私物は、捨てたり、勝手に誰かにあげたりして処分する権利は他の家族にはない。持ち主はそう思っているのです。

でも、この「僕のものは、僕以外の人に捨てる権利はない」という考え方、日常生活の中ではなかなか厄介《やっかい》です。たとえば、夫が帰宅して「テーブルが散らかっているな、片づけてよ」と言ったときに、テーブルの上にあるのが、夫愛読の雑誌と、子どもの宿題の道具だったとすると、それを片づけるのは誰でしょう？

夫から見ると「テーブルの管理は妻である君の仕事」かもしれません。一方で、テーブ

ルを片づけるのに、夫の雑誌を黙って捨てたら……なんで「勝手に」捨てるんだ、という話になります。ましてや、それが会社のＩＤカードだったり、定期券だったりしたら一大事。

子どもも、「ごはんよ」と、宿題をやっているのにテーブルの上の教科書をしまったり鉛筆を筆箱に戻してしまったら、「いまやっているのに」ということになるでしょうし、いつまでもしまわないで放ってあったノートをこちらが勝手に捨てたりしたら、それこそ大問題になってしまいます。

要するに、家族は、自分の私物に対して、「捨てるかどうか決めるのは持ち主だ」し、「いつしまおうと、こっちの勝手だ」と思っているのです。それは、当然といえば当然でしょう。

私も自分の私物にはそう思っていますから。でも、私の私物はそれで問題がないのは、片づけるのも私だからです。片づける人と捨てる人が同じなら、ものの管理のストレスはかなり低くなります。

ところが、捨てたり片づけるタイミングはこちらで決められないけれど、片づけるのはこちらの仕事となると、これはかなりのストレスです。会社で、同僚に、「私の机、あなたが片づけて。でも、絶対にものを捨てないでよ」と言われたら、なんで、そんなことしなくちゃならないんだ、あなた、私に甘えてない？　と思うのではないでしょうか。

一般的な話として考えると、「捨てないで。捨てたら文句言うよ。でも、片づけて」というのは、かなり虫がいい話に聞こえます。でも、実際には、日本で要求されている、家の片づけ、特にリビングなどの片づけってそういうことだと思うのです。

私自身は、「捨てないで。捨てたら文句言うよ。でも、片づけて」と言われたら、そんな勝手なこと言わないで、と思います。ですから、**片づけて、と言われると、「捨てていいなら、片づけちゃうけど」と答えます。**裏を返すと、「捨ててほしくないものは、自分で片づけてね」ということです。

捨ててほしくないものは

わが家には、新聞を切り抜く家族がいて、切り抜きがしょっちゅう床に落ちているので、掃除機をかける前にそれを拾い歩いて引き出しにしまうのが一仕事でした。

ある日、引き出しがいっぱいになってしまったので、それを段ボールに移し、ついでにガムテープで閉じて日付を書きました。そこから半年経ったところで、一度も段ボールを開けなかったのだから、これはもう捨てましょうという提案をしてみました。

という話を知人にしたら、「それは、ひどいんじゃない？」と驚かれました。知人に言わせると、「情報というのは、半年程度で必要かどうかの判断はつかないのだし、中身を確認させずに捨てるのは暴挙だ！」と言うわけです。

その場にいた何人かの男性陣は一様に知人の側について、「そうだよ」と言いだしました。一緒にいた女性は、捨てたい立場も、捨てられると怒る立場も、それぞれにわかるわね、どうしたものかしら、という顔でだんまり。

「でもさ、そんなに大事なものだったら、床に落としておかないで、自分で管理するべきじゃない？　ちゃんとしまってあったものを捨てるっていってるわけじゃないんだから。床に落としておいて、それを拾わせて、片づけさせて、実際に使った形跡もないのに、オレのものだ、捨てるな、はおかしくない？」

私がそう言い返すと、「そこか」と知人。「そこよ」と私。問題は、何を捨てたかとか、捨てる前にどれくらいの期間保管したかといった話ではありません。「大事にしまってあったものを、私が捨てたっていうなら、それは私が横暴だと言われてもしようがないと思うけど、もともと、自分で片づけもしないものを、僕のものだ、私のものだ、これは大事っていうのは、どうなの?」というのがポイントなのです。

「そんなに大事だったら、『落ちてたからしまっといたよ』『いっぱいになったから、箱にうつしたよ』って言われた段階でなんとかするべきじゃないかしら?」と続けると、「片づけてもらったら捨てられても文句は言うなってことか」と知人。

自分で管理していれば文句は言われないし、捨てられないのだから、自分で片づければいいだけのことだよな、と男性陣が納得して話は終わりました。

口で言うのは簡単ですが、日常の現場では、なかなかそうスッキリとはいかないのも、残念な現実です。後でもめないためには、**「捨てていいかどうかわからないから、あなたが判断して」と、やんわり境界線を引くのが第一歩**かもしれません。

片づけで私に頼るということは、境界線を乗り越えて、捨てていいよと渡したのと同じだよ、という認識です。

捨ててほしくないものは、境界線を越さないように、自分でなんとかしなければならないのだという認識は、徐々にでも育てていきたいものです。

片づける側からの提案

家族の私物は捨てない、を原則にして、自分のものは自分で管理する方向で家の中をまわしていく場合には、家を片づける側のこちらも、勝手に捨てないことを十分意識しなければなりません。**こんなものくらい、と思っても、それが自分のものでなければ、捨ててはいけないのです。**

私自身は、極力、「捨てていい？」とか「捨てるよ」と言わないように気をつけています。代わりに使っているのが、「これ、いる？」です。言外に、「これ、あなたのだよね」という意味を込めて、とっておきたいかどうか、確認をしているつもりです。

そこで、「捨てていいよ」なんていう上から目線の反応が返ってきたときは、「いや、あなたのものなのだから、あなたが捨ててね」と、相手に振り直します。ついでに、「○曜日ですよ、よろしくね」とひとこと添えてみたりしながら。

という話を、以前講演会でしたら、「子どもがまだ小さくても、本人に決めさせたほうがいいですか？」と聞かれたことがあります。私自身は、そうしてきました。もちろん、子どもが2〜3歳の頃などは、半分誘導してみたり、一緒に捨てる作業をしたりということにはなりますが、基本的に「ママが、知らない間に勝手に捨てちゃった」という状況にはならないようにと、意識してきました。

Tシャツ1枚、ハンカチ1枚でも、一応、本人の意向は確認します。そうすると、なかなか捨てられずにものがたまっていってしまう傾向はあります。

でも、たとえば、新しいものがほしいと言われたときに、「だって、もう、引き出しに入らないくらい、Tシャツいっぱいあるじゃん」と私が言えば、子どもも子どもなりに考えます。

「じゃあ、この間、ママがもう小さいっていったやつ、バイバイするからこれ買って」という具合に、交渉が進展することも少なくありません。もちろん、「もう、お靴、下駄箱に入らないから買いません」と言って、「じゃぁ、ママの靴捨てればいいじゃん」と藪《やぶ》から蛇《へび》を出してしまったりすることもありますが。まぁ、それは子どもの成長を楽しむ気持ちで、真剣に交渉をします。

子どもたちがなかなか捨てられなかったものに、小さい頃遊んだプラレールとレゴブロックがあります。プラレールは、ある程度の年齢になったときに、もう、全然遊ばないから処分したいけど、どうでしょう、と子どもたちに聞きました。

最初は抵抗していましたが、最終的に、保育園に寄付するのはどうだろうか、と提案し、実際に子どもが保育園にうかがいにいって、いただきますという返事を得て、お届けすることで、処分しました。

一方、クリスマスごとにコレクションを増やしていったレゴブロックは、子どもたちが中学の終わり頃から、誰も遊ばなくなりました。が、しかし。それでも、処分には誰も同意せず、まだわが家にあります。これはもう、残念ながら諦《あきら》めの境地です。

こうしたやりとりは時間もかかるし、レゴブロックの例のように、交渉が不調に終わって結局、捨てられないものが鎮座《ちんざ》しつづけるということも起こります。効率を考えるなら、必ずしもいいやり方ではないかもしれません。

でも、一方で、家族というのは、そもそも効率第一で動かすものでもなく、日々コミュニケーションを積み重ねていくことが生活だと思えば、多少のんびりとやりとりをしながらものを決めていくのでもいいかなぁ、という気がします。

実力行使も大事

とはいっても、のんびり、楽しくばかりはいかないのが日々の生活です。どこかで、多少の強制力を持って片づけていかなければならないことも起こります。たとえば、日々部屋の中にある私物を、ひとつひとつ声がけして片づけさせるのがしんどいとき。また、いつまでたっても家族が片づけに動かないとき。

そんなときは、リビングにあるものを拾って、カゴにひとまとめにします。そして、「散らかっていたものはとりあえず、カゴに避難させますから、捨ててほしくない人は、ちゃんと持っていってください」と声をかけます。

声をかけるだけだと、言った言わないでもめたり、捨てる日でもめたりということになりそうなら、あらかじめ貼り紙をしてみんなに伝える手もあるでしょうし、ラインなどで連絡する手もありでしょう。

1週間程度の猶予《ゆうよ》をもって声をかけ、その間にみんなに片づけてもらいます。といっても、「片づけてね」と1〜2度言えば、それで十分です。毎日チェックして、「まだ片づいていないわよ！」「早く片づけなさい！」などと言う必要はありません。

なぜでしょう？　片づけなさい、片づけなかったものは捨てますよ、とあらかじめ宣言していますから、片づけなかったら、ただ黙って捨てればいいからです。

大事なのは、家族がこちらの指示に従って、ものを片づけることではありません。自分が放置しておいたら、捨てられちゃうんだ、という原因と結果を学ぶことです。自分のものは、特に大事なものは、自分でしまう場所を考えて、そこにしまう。それが管理というものだということを、理解することです。

という意味では、「捨てます」と言ったら、ちゃんと実行することが大切ではないでしょうか。そうしなければ、「どうせ、口だけで捨てはしない」と家族は高《たか》をくくるようになります。

それでは意味がありません。こっちは真面目に言っているんだから、あなたも真面目に対応してください。そういうこちらの態度を、捨てることを通して伝えます。

もめないか、と言われれば、最初に捨てたときはもめます。文句を言われたり、泣かれたり。とにかく1回目のインパクトは大きいと思いますがそれで、特に子どもには、母親がやると言ったことは実行するんだ（からこちらもそれなりに対応しなくちゃ）ということは刷り込まれるようです。

「最初、捨てるわよって言っているだけだと、みんな動かないけど、今日のうちに片づけないと、明日はゴミ箱行きよ、みたいなことを言うと、さすがにみんな動くわ」と言っていたのは、友人で、娘２人のママ。

片づけを簡便に済ませるためには、**定期的に、私物をカゴに集めて、声かけをするのが**効果的だと思います。その場合は、カゴの中のものは週末とか月曜日とか、定期的に捨てる日を決めてしまうと楽ちんです。

そして、大事なのは、その日までに対応せずに残っていたものは、本当に捨ててしまいましょう。繰り返しながら、徐々に学んでいってもらいましょう。

家の中を2つに分ける

家の中の「パブリックスペース」

「ここに自分のものを置きっぱなしにしちゃダメ。ここはパブリックスペースだからね」

わが家で、最初に「パブリックスペース」という言葉を使いだしたのは、1年間交換留学でフランスのおうちにホームステイして帰国した高校生の娘だったような気がします。

おそらく、1年のフランス生活の間に、リビングにものを置きっぱなしにするなどして、何度か注意され、家の中は「みんなの場所」と「個人の場所」に分かれていることを学んできたのでしょう。

パブリックスペースは、単純に日本語に訳すと公共の場です。それまでも、リビングには、なんとなく「ここはみんなが使う場所」という認識はありましたが、だから個人の居室とは管理の仕方が違うんだ、という認識は薄かったような気がします。それが、ここは

「公共の場だからね。ものの置き方を考えないと」と言われたことで、家中の認識が変わりました。

それまでのわが家では、家族みんな、リビングにものを置きっぱなし。宿題をテーブルでやったあとは消しゴムのカスが散らかっているし、脱いだものが散らかっていたり、バスタオルが椅子にかかっていたり。そして、それを片づけるのは、誰が言うわけでもないけれど、なんとなく母の仕事だと、家中が思っていた節がありました。

でも、ここが家庭内の公共の場だとしたら？　みんなで過ごす場所だから、

・なくなったら困るものは持ち込まない
・他の家族に使われたくないものは、置きっぱなしにしない
・使い終わって放置してあったら、捨てられても文句は言えない

公共の場所なのだから、「置きっぱなしにしたものに何かあっても、あなた以外に責任を持つ人はいないのよ」と言うことです。学校だって、図書室や校庭に私物を放置して帰ったら、翌日、自分で「忘れものの箱」を捜さなければなりません。

出しっぱなし、置きっぱなしにして、翌朝出社や登校前に「○○がない」という騒ぎになっても、一緒に捜すことはしません。捜すのはちゃんとしまわなかった人の仕事です。

何度かそれを繰り返していくうちに、家族みんなが「パブリックスペース」でものを放置すると、ろくなことにならないんだ、ということに少しずつ気がつき、少しずつ気をつけるようになりました。

茶の間と客間の境界線

日本では、会社や仕事場、学校が表で、家庭は表か裏かと言われれば、裏です。ハレの場かケの場かと言われれば、もちろんケの場です。舞台裏はごちゃごちゃでも、表さえきちんとして見えればＯＫという感覚は強いのではないでしょうか。

昔のおうちには、玄関脇に客間がありましたが、これは、内と外を分ける知恵です。家族がくつろぐ茶の間にはよその人を入れずに、玄関から直接客間に通して、そこでおもてなしをするわけです。

玄関の床そのものも、昔は人が腰かけられる高さで、近所の、客間に通すほどでもない用で来た人は、玄関にちょこっと腰をかけ、迎える側も玄関に座ってしゃべる……というようなこともありましたし、縁側《えんがわ》という茶の間とは仕切られた外との緩衝材《かんしょうざい》のような空間もありました。

日本発祥と言われるおしぼりも、客人をケの場である洗面所に入れない工夫だったのではないかと思います。

東日本おしぼり協同組合のホームページによると、「お公家《くげ》さんが客人を家に招く際に提供した〝濡れた布〟」がおしぼりの前身だったそうですが、来客に濡れた布を渡したほうが、舞台裏の台所などの水を使う所に通して手を洗ってもらうよりいいと考えたのではないでしょうか。

そんなふうにして、昔の日本では、お客さんが入れる部分と、家族がくつろぐスペースの間にはっきりとした境界線がありました。そもそも、家の入り口だって、正面の玄関と、家族が出入りする勝手口に分かれていたくらいですから。

一方で、ひとたび家族の過ごすスペースに足を踏み入れると、その中はプライベートな家族の空間だから、みんな一緒の世界だったのでしょう。庶民の家では、夜になると茶の間に布団を敷いて寝たりしていました。

「夫婦のプライバシーはどこへ？」と欧米の友人たちが驚く、夫婦と子ども「川の字に寝る」ことも、そもそも家族間のプライバシーという感覚が薄い分、問題にならないわけです。

戦後、住宅団地の導入などで、国がぜひとも実現しようとしたのが、食事をする場所と寝る場所を分けることでした。寝るところで食事をするのは不衛生だという考え方が根底にあったと言われます。が、きっと、そこに、家族みんなで過ごす場所と、家族個々人の場所という感覚はほとんどなかったのではないでしょうか。

寝食分離の団地的生活をすることになって、犠牲になったのが、客間です。団地には客間がありません。ダイニングやリビングダイニングという場所は、カタカナでなんとなくかっこいいように聞こえますが、機能としては多くの場合、家族がくつろぐケの場としての茶の間の西洋バージョン的な位置づけだと思われます。

客間がなくなり、縁側という緩衝スペースがなくなった日本の家では、お客さんが来たら、リビングという茶の間に入れるしかありません。これは、なかなかハードルが高い話です。なにしろ、本来、茶の間はケの場、人を入れるところではなかったのですから。

雑誌などで、「人を呼べる家にする」という特集を見かけることがありますが、これはある意味、茶の間を諦めてリビングを客間化しようという提案なわけです。

リビングを客間化するには、まず家族の認識を変えなければなりません。ここは、公共の場所で「みんなで過ごす場所」なのだ、と。場合によってはお客さんも入ってくる場所。だから、私物を散らかし放題にしておくと、片づけられてしまったりするから要注意なのだ、と。

まずは、ケの場としての、散らかっていてもOKな茶の間とは違うのだ、という境界線を引きましょう。家族がそういう認識を持たないままに、片づいたスッキリリビングを主婦がひとりで実現するというのは、とても非現実的で非生産的な努力ではないかと、思います。

プライベートスペースのプライバシー

欧米の家に行くと、家というのは、リビングでもキッチンでもなく、マスターベッドルームを中心につくられているのではないかと思うことがあります。

マスターベッドルームというのは、家の主であるご夫婦の寝室です。が、寝室だけではありません。そこには、ご夫婦専用の浴室（少なくともシャワー）とトイレが付属しています。なんというか、とても独立した、プライバシーの守られた部屋なのです。

旅行をして、よそのご家庭に泊めていただくという経験は過去に何度かしていますが、いわゆるマスターベッドルームを見せてもらったり、中に入ったりという経験はありません。親子が川の字になって寝る日本で育った私には、理解しがたいくらいの、別格感です。その別格のマスターベッドルームを考えると、子どもというのは夫婦のプライバシーには入れないようです。だから、子どもたちのシャワーとトイレは、ご夫婦のものとは別。誰かが家に泊まるときは、子どもたちのシャワーとトイレを、お客さんも借りることになります。

そういう意味では、洗面所と脱衣所、お風呂場というのは、実はプライベートな空間で、お客様をお通しするような場所ではないのでしょう。そこは家族だけが使う所。家族が気持ちよく使えれば、「きちんと」片づいていなくても、いいのかもしれません。

そして逆に、人を呼ぶときは、お手拭《てふ》きを渡して、「洗面所を使わせて」と言われたら、「基本的に家族が使う場所なので」とやんわりお断りする手もありでしょう。

第3章　脱・断捨離トラウマ

日米こんまり現象比較

こんまりメソッド、アメリカで大ブレークのわけ

いまアメリカでいちばん有名な日本人は誰でしょう？　おそらく、安倍首相でも新天皇でもなく、ときめき掃除術の近藤真理恵《こんどうまりえ》さんです。インターネットテレビのNetflixにはMarie Kondoの番組ができて人気沸騰。有名なトークショーでも引っぱりだこのこんまりさん。

昨今《さっこん》、Marie Kondoに触発されて、家の中を片づける人が激増中のアメリカでは、以前は無料で家具などを引き取っていた救世軍などの慈善団体が、「みんなが持ってくるから、これ以上引き受けられない」と引き取りを断りはじめたなどという話もあるくらいです。

先日アメリカに行ったときに、友人と出かけた会合でも、寄付を募《つの》るスライドで、大きく映しだされたのが、こんまりさんでした。

彼女の写真が出ると、場内がどよめきました。写真を見た途端、誰もが「彼女のようにどんどん片づけて不用品は寄付してください」というメッセージをパッと理解できるほど、いまや彼女は片づけのシンボルなのです。

一体どんなところが受けているのかなぁと考えてみると、いちばん大きいのは、彼女がまず精神統一から入ることではないかと思われます。

英語で片づけはclutter cutting。文字通りガラクタの山を処分していく作業です。はっきり言ってしまえば、単なるゴミ捨て作業です。それをするために、わざわざ正座をして精神統一をするなど、アメリカの人々には思いもよらなかっただろうと思います。

日本では、簡素な暮らしが心の豊かさにつながる、という話をよく聞きますが、アメリカではそういう考え方をするのはＺｅｎ（禅）を信奉するミニマリストと呼ばれる人たちくらいで、まだまだ少数派です。

日本では、断捨離をすれば、すっきりして気持ちも暮らしも豊かになる、と考えますが、そうした考えが浸透していないアメリカでものを抱えて生活している人に、「捨てれば心の平安が」と説いたところで、たかが知れています。

ところがこんまりさんの方法は違います。心を落ち着けて、ものと向き合い、捨てる段階で、ひとつひとつに触れて「ときめきを感じるかどうか」を確認します。捨てる前の段階ですでに、精神的平安へのアプローチが始まっているところが、俄然《がぜん》新しいのです。

捨てるときも、雑にゴミ箱に放り込んだりはしません。いままでお世話になったことに感謝しつつ手放す。これも、いままでにないアプローチでしょう。

思い出を捨てられない人を、アメリカ人は「センチメンタルな人」などと言いますが、そうしたセンチメンタルな部分を十分尊重し、過去の経験を慈しみつつ別れを告げるという、精神的なケアがあるところが、受けているのではないかと思います。

罪悪感や強迫観念を軽減

これに対して、こんまりさんの片づけはどんなところが日本人の心に響くのでしょうか。同じように人気を博しているとはいえ、その人気を支える人々の心理は、日米でだいぶ違うように思います。

「もったいない」精神が行き渡る日本では、ものを「粗末に扱う」ことを嫌がります。使わないとわかっていても、ものをむやみに捨てたり、粗末に扱うことに抵抗を感じる人は多いのです。

たとえ、もう使わないものでも、自分が所有しているものを捨てるときに、ひとつひとつ触れながら、感謝をしながらものを選別し、捨てていくというこんまりさんの物捨て術は、「もったいない」「ありがとう」という気持ちとともに手放すという、ある意味ウエットな方法です。

そうやって、ただゴミとして捨てるのではなく、感謝することで捨てるものの価値を上げることは、捨てることへの罪悪感を軽くしているのにかなり役立っているのではないかと思います。

感謝することで捨てることへの罪悪感が減ると同時に、ものを手放すことで、「捨てられない私はダメな人間だ」という強迫観念も、ずいぶんと軽くなるはずです。

捨てられず、モノが多いと「だらしがない」とダメ出しされがちですが、こんまりさんはダメを出すのではなく、「あなたの気持ちや思い出、思い入れを大事にして、もったいないという気持ちを尊重しましょう。一方で、ときめかないものには、感謝しつつ別れを告げましょう」とやさしく言ってくれるわけです。

こうして見てみると、アメリカでは現実的なゴミ捨て作業に東洋的な精神性を持ち込んだことが、一方、日本では、「片づけねば」という強迫観念を少しゆるめて、気持ちをフォローしつつ片づけを進めるという、いままでの断捨離とは違う方法が広く受け入れられたのではないかと思います。

いずれの場合にしても、大事なのは気持ちのフォロー。ものを捨てるというのは、そこに付随するさまざまなものを捨てることになるので、口で言うほど簡単なものではないことが、日米両方のこんまり現象からわかるような気がします。

そして、「だから、捨てられるのは偉い」という発想は、心を大事にしないことにつながりかねないよ、ということは、意識しておきたいなぁとも思うのです。

いつまで片づけは女の責任？

アメリカではこんまりさんの番組がケーブルテレビを通じて配信されています。YouTubeなどでも見られるので、私も楽しませていただいています。

番組を見ていると、こんまりさんのおもしろさだけでなく、日本とアメリカの家事のあり方の違いが垣間《かいま》見えてきました。

日米の番組のいちばんの違いは、こんまりさんが片づけを教える対象者にあります。これはこんまりさんの番組に限ったことではありませんが、日本では、片づけ番組や雑誌の片づけ特集といえば、教わる側は女性と相場が決まっています。エプロンをつけて登場し、片づかないんですよね……と嘆くのは、十中八九女性、しかも、主婦です。ご夫婦そろって教えを受ける図はまずありえません。

ところが、アメリカの番組では、ご夫婦で登場のケースが多いようです。夫婦そろって、こんまりさんに教えを請《こ》い、いっしょに家を片づけていきます。

これは、日本のメディアが「片づけは女の仕事」だと考えているせいなのか、あるいは、アメリカでは片づけは夫婦で分担するものという認識だからなのか。そこで、まわりのアメリカの人たちに、「家の片づけの責任者は誰？」と聞いてまわりました。

数の限られたミニミニ調査ですが、おもしろいことに、答えてくれた女性たちは、ほぼ全員が「基本的には夫婦の責任」だと考えていました。ただし、「夫と私、どちらが片づけがうまいかというと、強《し》いて言うなら私。だから、自分の納得いくレベルまで片づけたいときは私がやる」という人がほとんどでした。

家の中を片づけるという行為は同じでも、「私がやりたいレベルまでガッツリ片づけたいときだけ自分でやればいい」と思っているのと、「夫が帰ってくる前に、家の中を片づけておかなくちゃ」「家がちらかっているのは、みっともない」といった気持ちで、家中の片づけの責任を背負い込むのでは、気分的にはずいぶん違うように思います。

家に帰ってきた夫に「なんだ、散らかっているな」と言われたら、「ごめんなさい」「いま片づけるわね」とまるで、それがこちらの非であるかのように、夫に謝る人は多いのではないでしょうか。

「じゃあ、納得のいくように片づけて」「私も片づけるけど、あなたも手があいたときに片づけてね」とはなかなか言えない、家事プレッシャー。

ところが、このプレッシャー、日本にいると、日本人だけでなく、海外の人でもなんとなく感じてしまうようなのです。

パートナーが中国人という大学院の教官は、「妻は海外に出るとそうでもないけれど、日本にいると、家事をちゃんとしなくちゃというプレッシャーを感じているように見える」と言っていましたし、日本に長くいるフィリピン人のワーキングマザーも、「専業主婦だった母は、外国で働きながら子育てしていて本当に偉いって褒《ほ》めてくれるんだけど、なんだか、やってもやっても不十分っていう気持ちから抜けられないのよ」と言います。

日本育ちのアメリカ人と結婚し、長らく日本の地方都市に住んでいたアメリカ人の友人は、「片づけは基本的には彼のほうが上手だと思うんだけど、なにしろ、男が家事をしない日本で育っちゃっている」後遺症は大きいとのこと。

彼女自身も、日本に住んでいる間は、常に「もっと家事をちゃんとしなきゃ」というプレッシャーにさらされていたと言います。それが、アメリカに戻ってきたらプレッシャーから解放されて、いまはほとんど家事も家族とシェアしている、とのこと。

テレビ番組、CM、学校、会社。きっといろいろなところで、日本にいる女性は、家事は女の仕事、片づけは女の責任というプレッシャーを受けながら、暮らしているのでしょう。そろそろ日本でも、こんまりさんの指南を夫婦で受けるような番組が出てきてもよさそうですね。

家事への見方を変えるきっかけ

同じくこんまりさんの番組を見ながらもう一つ気がついたのが、彼女が訪ねていく先に、意外に男性の職場が多いことでした。トークショーとして有名な「エレン・デジェネレス・ショー」（日本では「エレンの部屋」として放送）でも、こんまりさんが訪ねたのは、番組の顔エレン・デジェネレスさんの男性スタッフの事務所。「とにかく汚いから、片づけを手伝ってあげてね！」と言うエレンさんの依頼で、ものだらけの事務所を訪ねます。

引き出しや棚の奥から出てくるのは、女性のヌード写真だの、フィギュアだの。そのひとつひとつを手に取りながら「ときめきますか？」と真顔で男性スタッフに尋《たず》ねるこんまりさん。茶目っ気たっぷりに「ときめきます！」と答えるスタッフに、スタジオに笑いの渦《うず》が起こります。

別の番組では、テレビ放送のセットに座り、「毎日使っていると、結構ものがたまりますね」と言う男性ニューースキャスターに、こんまりさんが片づけを指南します。

まずは、正座をして気持ちを落ち着け……というあたりは、宗教的な感じもして、外国人の目にはエキゾチックな導入でしょう。お世話になったものに感謝しつつ、不用なものに別れを告げるというあたりも、西洋的な片づけ（クラッターカッティング）とはだいぶアプローチが違います。

小柄なこんまりさんの脇で、大柄のキャスターが膝《ひざ》を折り曲げて座り、精神統一する様は、それだけでもコミカルで笑いを誘うものでした。が、その後、引き出しの中から、職場にはあるはずのないウイスキーなど出てきて、こんまりさんが「ときめきますか？」とやると、会場は爆笑。

私も、当初は会場と一緒に、テレビを見ながらゲラゲラ笑っていたのですが、ふと、日本では、片づけの番組で、テレビカメラが職場に入るのはとても珍しいのでは、と気がつきました。

片づけの特集は、昼間の「主婦ネタ」と相場が決まっていて、見る人も主婦なら、出る人も主婦というのが、一般的な片づけ番組の設定ではないでしょうか。そう思ってあれこれ検索してみたものの、職場に片づけのためにカメラが入る、ましてやそれが男性の職場だといった設定には、ほとんどお目にかかりませんでした。

日本では、公私混同を嫌い、職場は公の場として尊重される傾向が長らく続きました。

「仕事がある」「仕事で忙しい」は、よくも悪くも、男性を家事や育児から守る口上でした。公が私より優先されるのが当然の日本では、職場の片づけの状態やそこに潜《ひそ》むおかしな私物は、笑いのネタにされてはいけない聖域なのかもしれません。

とはいえ、家庭だけが、女性だけが、片づけ番組のターゲットでありつづける状況は、そろそろ、変わってきてもいいかもしれませんね。

こうした画一的な番組づくりは、日本の人たちの家事への見方に、少なからず影響を与えているのではないでしょうか。

私の断捨離不要論

断捨離できない人はダメな人？

流行語にもなった「断捨離」の話になると、私のまわりでは断捨離「できる」「できない」という言い方をする人がほとんどです。みんな口をそろえて、「しなくちゃと思っているんだけど、なかなかできなくて」と言うのです。

ところが、不思議と「私は断捨離しないの」と言う人には出会ったことがありません。誰も、「しない」とは言わないのです。端《はな》から断捨離なんかする気がないの、どうして断捨離なんかしなくちゃいけないの？　なんて言うのは、とんでもない考えなのでしょうか？

断捨離は、「できなくちゃいけない」ものだけど、実際にするのはなかなかむずかしい。たぶん日本中の人がそう考えているのでしょう。だから、「できる」「できない」という話になるのです。

これは、私たちの多くが、断捨離できるのは、ある種の能力だと、心の底で考えているからでしょう。「英語ができる」と同じではないかと思います。

断捨離できる人は、そういうみんながほしいと思っている能力のある人。頭のいい人や、外国語が堪能《たんのう》な人が、一段上の、素晴らしい人という扱いを受けるのと同じ感じで、「断捨離できる人」も、恵まれた才能の持ち主的な一段上の人の扱いになるのは、おそらくそのせいでしょう。

だから、断捨離に成功したと誰かが言うと、周囲は心から感心して、「すごい」「えらい」と断捨離「できた」人を賞賛します。これは、断捨離はなかなか身につかない優《すぐ》れた能力だ、と思っているからでしょう。だから、そういう能力を持っている人を「素晴らしい」と褒めずにはいられない気持ちもわからなくはありません。

一方で、断捨離の「できない人」、ものをいっぱい持っている人は、「だらしがない人」「ダメな人」だと見られがちです。本人もそれを自覚しているから、断捨離できる人の前に出ると、下を向いてしまったり、「本当に私はだらしがなくて」と自分を卑下《ひげ》してしまったり。

自分のものだけでなく、親のものの断捨離を勧める本なども出てくると、自分だけでなく、家族そろって家中断捨離できない人は、本当にダメ人間な気持ちになってしまいます。

でも、本当にそうでしょうか？　私は仕事で英語を使っていますが、日常的に使っているから忘れないし、なんとか理解できるのです。10年間英語に触れなければ、英語なんて忘れてしまって当然です。

知り合いのケベック出身のカナダ人は、日本に来て50年近く。母国語のフランス語は覚えているけれど、小学校から習った英語は、使わないからすっかり忘れてしまったと笑います。その代わりに日本語がペラペラなので、「僕は英語ができなくて」とは言いません。彼の場合、英語は「話せない」というより「話さない」のです。

断捨離も、誰もがやらなければならないものではないでしょう。やる必要を感じなければやらないという選択肢もありだと思うのです。

もちろん、断捨離をしていない自分を「だらしがない」と思う必要もなければ、断捨離をした人を「素晴らしい」と褒めそやす必要もないんじゃないか、と私自身は考えています。

断捨離や、ものを持つか捨てるかは個人の趣味やライフスタイルの問題です。ものが多かろうと、雑然としていようと、私や家族がよければそれでよし。そんなことで人にとやかく言われる筋合いは、まったくありません。

このままでいいのか日本人の断捨離観

断捨離のアメリカバージョンともいえるのが、最小限の持ちもので暮らそうという「ミニマリズム」です。

ミニマリズムを実践しているミニマリストたちは、私が見る限り、大きく2つのパターンに分かれます。

一つは、「ものを減らせば管理の手間が減る」という、とても現実的な必要性からミニマリストになるグループです。子どもが多くてものの管理がたいへんだ、といった人たちがこれに該当します。

一方で、「Ｚｅｎ（禅）」に見る簡素な生活に憧《あこが》れてミニマリズムを信奉する人たちがいます。彼らは、持たないことで、暮らしや心が豊かになる点を強調します。

彼らのブログなどを読んでいると、私が禅僧という言葉から想像するようなストイックな感じがしないので、まわりのアメリカ人にＺｅｎのイメージを聞いてみたところ、「簡素な美」とか「究極のシンプリシティ」といった答えが返ってきました。

荷物をできるだけ減らして、シンプルな生活にしてみたら、すごく気持ちも豊かになったよ、という彼らの経験は、捨ててみてはじめてその素晴らしさを実感できる類いのものなので、ものを捨てられない人には実感しにくい部分があります。そのせいでしょう、本人たちも「変人扱いされちゃったりすることがある」と言っているように、アメリカでは、断捨離派の彼らはむしろマイナーな存在のようです。

やってみてはじめて実感するアメリカと、やってみるはるか以前からものを持たないほうがいいと考える日本の差はどこから来るのでしょうか。

侘寂《わびさび》といった日本の美学がその一翼《いちよく》を担っていることは想像に難《かた》くありませんが、その一方で、日本古来の「質実剛健」「質素倹約」といった価値観も大きく影響しているのではないかと思うのです。

日本人が広く信奉する質素倹約の精神は、おおむね、八代将軍徳川吉宗《とくがわよしむね》の「享保《きょうほう》の改革」にさかのぼります。その後、明治維新を経て、この価値観は１８８２年明治天皇が軍人に下した「軍人勅諭《ちょくゆ》」に受け継がれます。質素が正しく、華美な生活は身を持ち崩《くず》すとという教えです。

この考え方は、戦後は日本の学校教育を支えました。「華美《かび》なものは避ける」「華美にあたらないこと」は、戦後の生活指導と校則の常套句《じょうとうく》ではないでしょうか。

ワンポイントの入った靴下はいけない、髪を結ぶゴムは紺か黒。それどころか、生まれつきのくせ毛や茶色っぽい髪は「華美でない」ことの証明を求められたりということもあったような。

こうして、**日本の教育を受けると「華美はいけない」「質素が正しい」という価値観がもれなくついてきます。**どうりで、断捨離のように「質素な暮らし」を実践する人を、誰もがこぞって礼賛するわけです。

この素晴らしい教育効果をもってして、日本社会では子どもから大人までこの価値観が、がっちりと共有されています。そのおかげで、ものを捨てられず、片づけられない人間は「だらしのない」ダメ人間という位置づけになるのではないかと考えています。

そこから、〝ダンシャリアン〟は胸を張り、「断捨離ができない」人たちはその前でうつむく構図ができあがるわけですが、21世紀に暮らす私たちが、はたして江戸時代の吉宗さんの考え方にそこまで振りまわされなければならないものかどうか。

ちょっと立ち止まって考えてみてもよい時機なのではないでしょうか。

スウェーデンの高校見学で気づかされたこと

以前、スウェーデンで、高校の先生のお宅に数日ホームステイをさせていただいたことがあります。そのときに、せっかくだからと、彼が教えている高校で一日学校見学をしました。

スウェーデンでは、文房具は生徒たちに支給されます。ただでもらえるんだから、それを使えばいいじゃん、ということでしょう、子どもたちはみな同じ文房具を使っていました。文房具に凝《こ》る日本の中高生とはだいぶ様子が違いました。

でも、それ以上に違ったのは、彼らの服装です。日本では多くの中学や高校で制服が採用されていますが、スウェーデンの学校は私服でした。多くの生徒はジーパン姿に色とりどりのTシャツ姿でした。

服装に関する厳しい校則はなさそうでした。服装を厳しく取り締まると、小さなところで差をつけたくなるから、文房具に凝ったりするのかなぁ。生徒たちを見ながらそんなことを考えました。

服装規定のゆるいスウェーデンの高校でしたが、いくつか禁止事項はありました。授業中は帽子はダメ。コートも脱いで授業を受けることになっていました。もう一つNGだったのがアクセサリーです。

学校にアクセサリーをつけてくることはOK、とウォルフガング先生。つけてきてもいいけれど、授業のときは外さなければいけません。「授業中に、たとえばブレスレットが音をたてたり、何かがキラキラ光ったりすることは、他の生徒の集中力の妨げになるから」というのがその理由でした。

教室に入ると、子どもたちはまず、先生のところに行って、アクセサリー用のトレーに、身につけているものをすべてのせます。指輪、ブレスレット、もちろんピアスも。中にはいくつもピアスをつけている子もいて、その子がひとつひとつピアスをはずす間、先生は脇でトレーを持ったまま作業が終わるのを待ちます。

授業が終わると、生徒たちはトレーにのせたものをひとつひとつ身につけて準備完了。教室を出ていきます。でも、次の授業の前にはまた、せっかくいまつけたものを全部はずして預けるのです。

正直なところ、見ていて「ご苦労なことね」と思わずにはいられませんでした。つけたり外したり、その時間もバカにならない。そんな気がしたのです。でも、学校ではアクセサリーを禁止にはしません。それは、その子どもが自分らしくあろうとすることを妨げないという考えが根底にあるからです。

髪の毛の色や肌の色が違い、数学が得意な子もいれば、絵を描くのが得意な子もいるように、子どもたちはひとりひとり違う。色や服装の好みも違う。他の人の妨げにならなければ、その個性は尊重されるべきだというのが基本的な考え方なのです。

そう考えると、片づかないのもある種、個性かもしれません。質素で片づいていることが全員にとって「正しい」とは言えないでしょう。もちろん部屋が散らかっている自分は「ダメ人間」だとうつむく必要もないような。

特に日本では、片づけられない女性は「だらしがない」と断罪されがちですが、散らかっていることにそこまで責任を感じなくてもいいのではないかという気もします。片づけたい人が片づければそれで十分ではないでしょうか。

よそ様比ではなく当社比で

わが家から歩いて10分ほどの所に、川が流れています。川の片側は桜の並木道。観光ガイドに載《の》るような所ではありませんが、それでも春の桜はとてもキレイです。

桜が満開のときに、「お花見がてらお昼でも食べに来ませんか？」と南アフリカから来たご夫婦に声をかけたら、とても喜んでくれました。

「日本に来て5年以上経つけれど、ほとんど日本人の家に呼ばれたことがないから、うれしいよ」と言うのです。

日本人ともつきあいの多いご夫妻なので、その言葉には驚きました。が、豪華なレストランには招待されても、「うちは狭いから」「汚いから」と言って、家に呼ばれることはまずないのだとか。

日本人は、他の国の人よりも、自分の家が狭いことや散らかっていることを気にするよね、というのが夫君の観察でした。そして、「狭くても散らかっていても気にせずに呼んでくれるのは、日本人以外の人がほとんどだ」と言うのです。似たような話は他でも時どき耳にします。

偶然、私のまわりの外国の人たちが招かれたことがないのか、それとも、日本人は外国人を呼ばないのかは定かではありません。けれども、何人かの知人が持ち寄りパーティーをするときも、外国の人が交じっていると、大概集まるのは外国人の家で、日本人の家が会場になることは少ない気がします。

そんな話を日本人の知り合いにしたら、「だって、ほら、外国の人が住んでいる家は大きいから。私たちの散らかった兎《うさぎ》小屋に呼ぶのは、恥ずかしいじゃない？」と言っていました。

家が狭い、汚いという話は、日常の会話の中にもよく出てきます。けれども、一体、何に比べると狭くて、どこより汚いのでしょう？

まわりの話を聞いていると、具体的な誰かの家と比較するというよりは、テレビで見た誰かの家や、ネットにアップされた片づいた家、場合によってはホテルやモデルルームなどと比べて「汚い」「狭い」と言っているようです。

なんとなく、世間より劣っていて恥《は》ずかしいと、実体のない思い込みにとらわれているように聞こえるのは、私だけでしょうか。

実体のない、テレビや写真用に整えられたよそ行きの顔の世間を基準にして、わが家の現実を近づけるのは、かなり厳しいな。わが家を振り返ってそう思います。そのレベルに到達するまで人を呼べないとなったら、わが家など、一生、人を呼べません。

でも、比べる対象をわが家のふだんの状態にすれば……。散らかっていた本を棚に戻し、散乱していたタオルを洗いものカゴに入れて、おもちゃはとりあえずカゴに。テーブルの上のものをキッチンに移動するついでに、いらないものは処分。

そんなふうにして、ふだんのわが家より3割片づいた状態を目指すなら、実現も可能。頑張りがいもあるというものです。

メイクも女優さんの顔を見ながらそれに近づけようと頑張るより、自分の顔がしっかり見える鏡を使って練習したほうがうまくいくもの。「今日はすごくメイクがうまくいったの。当社比（ふだんの自分と比べて）だけど」と言う友人がいますが、当社比（ふだんのわが家と比べて）という発想はとても大事だと思います。

当社比で片づいていたら、お客さんを呼んでみてはどうでしょう？ お客さんは、家が片づいているかどうかなんて、こちらが心配するほど気にせずに、招かれたことを喜んで、楽しいひとときを過ごしてくれるのではないでしょうか。

第4章　脱・愛情神話

できる家事はやらせる子育て

いずれ子どもは家を出る

子どもはいずれ家を出て行きます。まぁ、諸事情あって、出て行かないケースもあるかもしれませんが、基本的には家を出て行くことを前提に、子育てはするものだと思います。出て行かなくても、順番から言うと親のほうが先に旅立つわけですから、親がいなくなった後、ひとりでやっていけなければ困ります。そう考えると、子どもにはできる家事はやらせるに限ります。

ママが楽になるようにお手伝いができてうれしい、お手伝いさせて、というのはせいぜい小学校低学年まで。その後は、**家事は生活するための技術だと割り切って、それを伝えることに注力**します。

このとき大事なのは、こちらの発想を切り替えること。お手伝いではないので、こちらのやってほしいことを手伝ってもらうのではなく、**本人のことを本人にやってもらうのが基本です。**

こちらの要求水準に達しなくても、本人がＯＫと思えればそれで十分。また、約束したらちゃんとやる、ということを身につけてもらうことも大事なので、「私がやればもっと早い、もっとキレイ」という当たり前の比較はやめましょう。

たとえば、水泳で使った水着は、お風呂に入ったときに自分で洗面器で洗えるよ、と教える。

洗ったら持ってきてくれれば絞って干しておくね、と約束したとします。もし本人が洗わずに臭くなってしまっても、それは本人の責任ですから、怒らず放っておきます。洗ったままで、絞って持ってこなければ、それも手を出しません。翌日ぬれたままのものを持って行くことになったとしても、それも本人の責任です。

わが家でよくもめたのはお弁当箱でした。出して洗剤につけておいてくれれば、後は洗います、という約束でしたが、翌朝になって「ごめん、出し忘れてた」と臭うお弁当箱が登場するということが何度かありました。ひどいときには、金曜日のお弁当箱が月曜の朝に出てくるなんていうことも。

「臭いから、ママ洗って」なんてとんでもありません。
「原因をつくったのはあなただから、自分でなんとかしてください」と押し問答。
「じゃあ捨てるよ」「明日からお弁当箱はありませんよ」

ここで親心を出して手伝ってしまうと、その後も「やってもらえるものだ」と思い込まれ、いつまでたっても尻拭《しりぬぐ》いが続きます。**自分の不始末は自分でなんとかしなくちゃならないのだ、ということは、何度か失敗をすれば子どもは学びます。**

放置すれば臭くなる、さっさと洗えば気持ちよく使える、それを体得してくれれば、その後、尻拭いの必要はぐんと少なくなるのです。

正しくない食事でもＯＫ

知人に、毎年、梅を干して自分で漬けて梅干しをつくっている人がいます。まだ、お子さんが小さいのに、毎年欠かさずつくっているのを見て、「偉いわねぇ」と口が滑《すべ》りました。すると、「偉くないですよ、好みのしょっぱさのものがほしいだけだから」。

どうも、長年、買うのは手抜き、買うのはＮＧと刷り込まれてきているせいか、何かを手づくりしている人を見るとついつい「偉いわねぇ」「すごいですねぇ」と口から出てきてしまうのですが、そろそろそこから卒業しなくちゃなぁと思います。

私は、石鹸《せっけん》と重曹《じゅうそう》で生活していたり、音のする掃除機が嫌いで箒《ほうき》を使っていたりすることが災《わざわ》いして「丁寧《ていねい》な暮らしの好きな人」だと思われている節があります。そして、丁寧に何でも手間をかけてやることが正しいと思っていると勘違《かんちが》いされることがよくあります。

特に食生活については、まわりに手づくりを重視する人が集まりやすく、めんつゆを買っていると言って、「え、あんな市販品使っているんですか?」と驚かれたり、ポン酢を手づくりしたことがないと言って知り合いを絶句させてしまったりということがよくあります。

添加物のない吟味《ぎんみ》された調味料で、自分で出汁《だし》を引いて味つけしたものが正しい味。本来の手づくりでちゃんとつくられた食材が正しい食材、よい食材。実母が敬愛する辰巳芳《たつみよし》子《こ》さんのウェブサイトには、若い世代に「最良の味を体験し、選別力を身に付けて命を守ってほしい」「良質の味を体験して、本来の味を知ってほしい」とあります。

正しい農法で、手間暇かけてつくられた食材を、同じく手間暇かけて一品に仕上げたものを食べさせたい。それが理想なのかもしれません。

でも、食べ盛りの男の子たちの胃袋を満たすために家計をやりくりする家庭では、無農薬の1kg1000円近くするお米はとても買えません。安全なのは有機無農薬の麦茶を一度煮立てて粗熱《あらねつ》をとり、それをポットで冷やすことだと言われても、紙パックをポットに入れて水を注ぐのが精いっぱい。平飼いで有機の餌《えさ》で育てた卵が良質で本来の味だとわかっていても、それではとても3人の子どものお腹を満たせません。

良質とはかけ離れ、正しくもない食材で育てられたわが家の子どもたち。「こんな食育で育てられて、あなた方かわいそうね」と言われればそうかもしれません。それでも、保育園と学校の給食のおかげで、大した偏食はないし、ひどい肥満ややせすぎということもありませんでした。

グルメ番組のリポーターになるような繊細な味はわからなくても、つくってもらったものに感謝して、食べる子どもには育ちました。それで十分じゃないかしら。私は自分に甘いので、そう思っています。

正しい食材と正しい調理から生みだされる正しい味は、理想かもしれません。けれども、金銭的に余裕がなければそんなことは望めません。まして、1日だけでなく、365日、何年もの間、正しい食生活を送るには、お金も手間暇もかかります。「正しい食生活」は、誰でも手の届く暮らしとは言えません。

「インスタントの出汁なんて使わないで！　余計なことをしないで！」。育児で追いつめられた妻を助けようと、インスタントの出汁で食事をつくった男性に投げつけられた言葉です。

取材でこの話を聞いたとき、私には、正しい育児、正しい食育をしようという呪《のろ》いにがんじがらめになった若いお母さんの悲鳴に聞こえました。

食材や味に、正しいも間違っているもない、というのは極論でしょうか。でも、そうやって、追いつめられる食生活より、まずは、楽しく食べられる暮らしが最優先のはずです。

その中で、多少バランスも考えられれば上出来です。

「そんな食事じゃダメよ」「それは正しい食生活とは言えないでしょう」「子どもがかわいそうよ」そう言う人がいたら、笑顔でひとこと返します。

「正しい食事のために頑張りすぎると、精神的にくたびれちゃうから、私にはかえって不健康なの。それじゃあ本末転倒だから、そういうことはやらないの」

私がご機嫌でいられて、家族と気持ちよく食事ができれば、私にとっては、それがいちばん正しい食事なのです。

それ、お母さんのせい？

忘れものの多い子

わが家には時間割をそろえていかない子どもがいました。何度声をかけても、前の日に準備をすることがありません。

学校では忘れもの大魔王の異名をとるほどの、忘れっぷり。実母は、私が忙しさにかまけて、小学校入学の段階で「きちんと子どもを指導しなかったからこういうことになった」と思っていたように思います。

確かに、小学校に入る前に、「前の日に、お子さんと一緒に次の日の時間割をそろえてあげてください」と言われたような。それが先輩お母さんからだったのか、学校からだったのか、記憶にないのですが。それでも、子どもに忘れものをさせないのは母親の仕事よ、というメッセージはぼんやりものの私にも伝わってきました。

下にも子どもがいて、手がまわらなかったとはいえ、あまり口うるさく言わなかったこともあり、事態は悪化の一途をたどりました。そして、ついには、保護者会でよそのお母さんから、「息子さん、いろいろ忘れものが多いんですってね」と言われるほどになってしまったのでした。

学年が上がるにつれて、定規《じょうぎ》、分度器、コンパスなどなど、持って行くものも増え、もはや忘れものなしに登校する日がないのでは、という情けない状態になっていたのです。

さすがに、外野からも言われるようになり、これはまずいと思ったときには、時すでに遅し。なんとか忘れものをさせずに登校させたい思って、毎朝確認する私に、「お母さん、そんなにキーキー怒んなくてもいいじゃん」と息子はいたって能天気です。

彼をまっとうな状態で登校させたいという私の思いは、ことごとく打ち砕かれ、息子のことを考えるだけで、しかめ面《つら》になってしまうような日々が続きました。そして、個人面談のときに、思わず先生に泣きごとを言ったのでした。

「私は子どもが学校で困らないように、お友だちに迷惑をかけないように、そして子どもに恥《は》ずかしい思いをさせないように、と一生懸命やっているつもりなのに、息子はちっとも言うことを聞かない。時間割はそろえたの、と聞くと、そろえていなくてもそろえたと言って、それでいろいろなものを忘れて平気で登校する。あんな状態であの子は大丈夫でしょうか？」

そのとき先生はこう言われました。

「いや、彼は授業の前には忘れたことに気がついて、隣のクラスに借りに行って、必要なものはそろえて授業に出ています。授業中に何かがなくて困るっていうことは、彼の場合ほとんどありません。授業の前に忘れものに気がつくのもそうだけれど、自分が持っていなかったら、誰かに貸してもらうっていうのは、人生の知恵でもあるわけで。貸してくれる友だちが他のクラスにいるっていうのも、人間関係としては大事でしょう。彼はそうやって、困ったことがあってもなんとかする知恵を持っているんだから、そんなに心配しなくても大丈夫ですよ」

そして、最後に先生はひとこと、「だから、そんなにお母さんの思い通りに準備をしなくても、彼のやり方に任せてください。そんなにお母さんが責任を感じなくても大丈夫ですよ」と言われたのでした。

息子の忘れものを私のせいだ、忘れものをしない子どもに育てるには、私がちゃんとしていなくちゃ、と、その瞬間まで全身に入っていた力が、先生のひとことで一挙に抜けていきました。

そうなんだ……彼の忘れものは私のせいじゃないのね？　彼が忘れものをしても、ダメな母親で……って、私が恥ずかしいと思わなくてもいいのね、と。

勝手に思い込んで抱え込んでいた息子の忘れものへの責任は、この瞬間に私の手からするっと抜け落ちたのでした。

宿題をやらない子

２０１９年の２学期が始まったころ、ある小学生の自由研究がインターネットでちょっとした話題になりました。彼の自由研究のテーマは、「宿題を夏休み最終日まで残していた時の家族と自分の反応」。

お母さんに何度か「宿題は終わりそう？」と確認されながらも、「やった」「やった」と答えつづけ、最後に「実はこの宿題のテーマのために、何にも宿題をやっていなかった」ことが判明すると、お母さんは怒って、お皿を割ったそうです。

一方、笑って「お父さんも最後の日に泣きながらやってたな」と言うお父さん。そして、さらには弟も同じく宿題をやっていなかったことが判明する……といった夏休み終わりのドラマが克明に記された自由研究です。

前日まで、宿題をやらずに先生に怒られる夢などを見ていた少年は、最終日、そうした夢も見ることなく安眠、「すがすがしい朝を迎えている自分」に気づく。「もしかして、やっていかなくても怒られないんじゃないか？とすら思えてきた」と言う彼はここで、
・そもそも宿題とは、何のためにあるのか
・僕は、何のために生きているのか
と考えはじめます。

いや、実際には、それ以上の思索《しさく》が記されているわけではありません。でも、何のために宿題をやるんだろうなぁと、自分で考えはじめたのは、この宿題の大きな成果だなぁと思います。

同じ年の夏に、三重県・高田高等学校の放送部が「『宿題』を通して見えたもの」というミニドキュメンタリーを通して同じく、なぜ宿題をやるのかという疑問を投げかけ、NHK杯全国放送コンテストで優秀賞をとりました。

宿題は自分のためになる。子どもの頃からそう言われて育った私たちは、あまり具体的

にどう自分のためになるかを考えず、宿題は「やらなきゃいけないもの」だと思い込んできました。子どもの頃は親に言われてやるのが宿題。大人になると、今度は子どもにやいやい言ってやらせるのが宿題です。

いまほど塾産業が盛んではなかった高度成長期は、「宿題をやって、いい成績をとって、いい高校に行って、いい大学に入って、いい会社に入ればいい人生が待っている」という単純な発想だったのかもしれません。だから、お母さんは子どもに宿題をやらせたというのは納得がいきます。

でも、21世紀のいまになってみると、宿題をやっていればいい成績がとれるわけでもなければ、いい高校に入ったからといって、いい大学に入れるとも限りません。ましてや、いい大学に行って入るいい会社ってなんでしょう？　もう、そうした高度成長期の「いい人生」の夢はとっくに崩《くず》れているのに、「出された宿題を親が子どもにやらせる」という図式だけがいまでも残っているのは、なぜでしょう。

日本のインターナショナルスクールで教えている友人が何人かいますが、子どもが宿題をしてこないからといって、親に「お宅のお子さんは宿題をしてきませんよ」といった連絡をすることはないようです。

「だって、それは、教師と子どもの間の問題よね」と友人のひとり。「本人と話をして、宿題をちゃんとやりますっていう誓約書を本人が書いて、親も確認しましたというサインをするくらいのことは、あるかもしれないけど、親に言って宿題やらせることはないわよ」と。

もうそろそろ、私たちは**「子どもに宿題やらせなきゃ」という責任感からも解放されていい時期に来ているのではないでしょうか。**

宿題をやりなさい、という代わりに、なぜ宿題をやらなくちゃいけないのかを一緒に考えるのも一案でしょう。先生から電話があったら、「私が話してもよく理解できないようなので、先生のほうからなぜ宿題が必要か、一度話をしていただけないでしょうか」と先生に助けを求めてみる手もあるのではないかと思います。

学校からの手紙を出さない子

「学校のプリントをリュックの中から根こそぎ出させたら、1ヵ月以上前の学校からの手紙がいろいろ出てきた〜！　まったく！」と中学生男児のいるネットの友だちがSNSでつぶやいたら、「当面、続くよ〜」「高校卒業まで、そんなもんよ」「ママ友のネットワークをうまく活用するしかないよね。頑張れ」とまわりから、同感の声や応援が続々と。

確かに学校の手紙って大問題です。手紙配達人たる中高生が、受けとった学校から親宛ての手紙は自分の学校生活に関わるものだから、きちんと親に配達せねば、というしっかりした自覚がなければ、絶対に受取人たる親に届かないという、不思議な配達システムの上に成り立つ、学校のお手紙。

この配達システムのやっかいなところは、配達人の役割を自覚させ、きちんと受取人に配達できる人間に育てることが、受取人、特に女性受取人の責任だというところです。ちゃんと手紙が受けとれないと、受取人は、ちゃんと配達できない不出来な配達人を育てた自分を責めてしまったりすることがあるところではないでしょうか。

しかもこの配達人、塾や部活、宿題で毎日かなり忙しいのです。また、中学生にもなると、それまで絶対だった受取人の指示にいろいろ不満や疑問を感じはじめ、受取人の希望通りにものを渡すことを面倒だと思っている節もあります。

そんな配達人をなだめすかして毎日手紙が来ていないか確認させ、必要な手紙を出させるのは、手間も、時間も、根気もいります。それでも手紙が渡されず、自分だけ手紙の内容を知らないで発送元にいってしまったりすると、自分の無知が恥ずかしかったり、情けない気持ちになったりするわけですね、受取人。

実は、この配達人全般、そもそも、配達する気がないらしい、と気づいたのは、わが家の配達人が中1のときでした。たまたま男子校に入った配達人。最初の保護者会で、先生がいちばん最初におっしゃったのは、「今日までに○枚の手紙をご子息に渡しています。届いていない方はいまから配りますからご確認ください」のひとことでした。

はじめから、配達人が配達していないことが前提のお話しぶりに、目からうろこが落ちました。なんだ、男の子って手紙を出さない生きものなのね。

それまで私は息子が手を出さないのは、私の監督不行き届きなのだ、育て方が悪かったから、あの子はお手紙一つちゃんと出せない困った奴になってしまった、と思っていました。

保護者会に行くとちゃんとしたお子さんの親御さんから「ダメな親」だと見られているんだろうなぁ、先生もそう思っておられるんだろうなぁと勝手に思い込み、暗い気持ちになったものでした。何一つ「ちゃんと」できない子どもを持った親の被害妄想《もうそう》かもしれませんが。

どうして、よそのお子さんはちゃんとしているのに、うちの子は同じようにできないのかしら、とわが子を不満に思ったり、自分の子育てのまずさに腹を立ててみたり。だから、先生が「みなさん、お手紙見てませんよね」を前提に話をされたときは本当に驚きました。

「そうか、みんなそうなんだ。私の育て方が悪かったわけでもないし、あの子だけがちゃんとできないわけでもなかったのね」

こんな、母親が罪悪感を覚えつづける配達システムは早くなくなるといいなぁと思いつつも、この先生のひとことにはずいぶんと救われました。

手紙攻防戦、解決の一手

息子というものは手紙を出さないものだ、とわかったからといって、それで、手紙問題が解決するわけでは、残念ながらありません。期限内に出さなければならないものや保護者会といった連絡は、電話がかかってくることはあっても、基本的には手紙による通達であることに、変わりはありません。

毎回手紙を出せというのも面倒なうえに、そもそも、あなたの学校生活のためにやってあげているのに、なんで、自分から手紙を出すなんていうことさえできないの、という子どもへの静かな怒りもあり、手紙問題には一計を案じることにしました。

Ａ４の書類が入る３段の引き出しを買い、それぞれの子どもに割り振ります。

「学校や塾、習い事のお手紙はここに入れてください。ここに入れてあって、私が見忘れたり、準備し忘れたら、それはお母さんのせい。学校に謝りに行ったりします。でも、もし、ここに入っていなかったら、それは私にはどうしようもないのだからそのときはあなたのせい。あなたが自分で謝るのよ」

合宿費や校外学習などの費用も、先生に言われて支払い期限が過ぎたものを持ってきても、すぐには対応できないから、そう思っていてね、という説明もしました。期限が過ぎてから持ってこられても、そのために仕事を休んで対応するなんていうことはしませんからね、時間があいているときにやるから、「すぐ」振り込んだりはできないわよ、というわけです。

期限より前に手紙を出さないと、先生からは注意される、でも、母は下手したら１週間くらい振り込みに行かないかもしれない……。子どもたちも状況を理解したのか、それ以来、手紙はずいぶん出てくるようになりました。

最後に手紙でもめたのは、高校の卒業謝恩会の出欠が出ていません、とＰＴＡから電話がかかってきたときです。

「オレ、出してると思う」という顔でこちらを見る息子。「いや、出してないと思うよ」と言う私。すぐに引き出しを取りだして、中の書類を一枚一枚確認しました。手紙は入っていませんでした。息子の負けです。

「私が悪いわけではないから、私が謝る理由はないよね」と言うと、息子が謝恩会の担当をしている友だちのお母さんに電話をして、「すみません、オレが手紙出し忘れちゃってて」と頭を下げました。

こうして小競り合いを繰り返しながらも、少しずつ、私の責任の範囲という境界線を引き、家族にもそれを感じてもらう努力をしながら、今日に至ります。

第5章　脱・夫&子どもの尻拭い

夫は0歳児のままか

夫不在でも子どもがいる⁉

アメリカ人の知人が、日本人の女性と結婚した欧米人男性の友人たちは口をそろえて、「結婚を境に日本の女性は変わる」と言う、と話してくれたことがあります。日本の女性にとって結婚して夫婦になることは、それまでの恋人という関係とは大きく違うんだろうね、と言うのです。

結婚していちばん変わるのは、お財布事情でしょうか。それまで別々の会計だったものが、一つになるわけですから。アメリカでは、一家の財布を握るのは夫だという話を何度か聞いていたので、「日本では女性が財布を預かることが多いっていうことですか?」と聞いてみると、「まぁ、それもあるかもしれないけれど……」と、曖昧《あいまい》な返事。

外国人男性が口をそろえる、結婚を境にした日本女性の変貌ぶり。一体どう変わるんでしょう？　重ねて聞くと、知人からは「みんなが、そうはっきり言ったわけでないけれどね。でもまあ、みんなの話を総合すると、**日本の女性は結婚すると、妻ではなく、母親になってしまうじゃないの？**」という答えが返ってきました。

日本の女性は、結婚したら家事は女の責任であり、家族の健康管理は妻の責任であると刷り込まれて育ちます。その結果、結婚したら家の中の一切は自分が責任を負わなければならないと感じて頑張りはじめる……その「家族に責任を感じて頑張る」姿が、妻ではなく母親に化けたというふうに映るのかもしれません。

日本の男性は、母親が責任を持って仕切ってきた家庭から、今度は妻という別の責任者の下に移行しただけで、そんなものだと思っているから大した違和感はないのでしょう。ところが、家庭内でも男女平等、対等なパートナーとしての関係が前提の彼らには、恋人から世話焼き女房への変貌ぶりが、「母親に化《ば》ける」と映ったのではないでしょうか。そして、これは、彼らにとって非常に違和感のあることのようでした

一方で、「夫がこれだけ不在だと、毎日起こるいろんな出来事や気持ちを夫とシェアするのってむずかしくないの？」と言うのは、日本で働きはじめて数年というアメリカ人のキャリアウーマン。

「むずかしいよね、いないんだもの」と答えると、「じゃあ、どうするの？　気持ちをシェアしたり話をする相手が家にいないと、ストレスがたまるでしょう？」と、彼女は日本の夫婦のあり方が不思議でしようがないようでした。

「だって、子どもがいるじゃない？」と私が言うと、彼女の口がポカンとあいてしまいました。

「子ども？　子どもに話すの？」あまりにも驚いている彼女の反応に、私ははじめて、どうやら、欧米では夫婦間で話すことと子どもとの会話には、ある種のラインがあるらしいことに遅まきながら気がつきました。

そう、たとえ、子どもが高校生であっても、子どもは子ども。夫婦の会話との間には一線が画されているようです。

彼女の驚く顔を見ながら、頭に浮かんだのが「結婚すると母に化ける」という言葉でした。結婚すると、夫にも子どもにも同様に強い責任を感じる女性たち。面倒を見る対象という意味では、夫も子どもも変わりません。しかも、子どもは母と一緒にいる時間が長いので、母親の状況も父親より理解していますし、そのため子どもは母親と似た視線で父親を見るようになります。

こうなると、夫より、子どものほうが、自分の気持ちをくんでもらいやすい。そうなってくると、本来、夫に相談するべきことが子どもに相談できてしまったり、夫と一緒にやるべきことを、子どもに手伝ってもらって乗り切ってしまったりするんだろうなぁ、と。

そうやって、**いつの間にか夫は子どもと同列になっていってしまうのが、**日本の家庭なのかもしれません。

パパツイッターのすすめ

働く若いお母さんに人気のある雑誌「ＶＥＲＹ」。先日、「働くお母さんはもっとハッピーになっていい！」という特集が組まれました。

仕事仲間の女性編集者がさっそく読んで、「サコウさんはどう思いますか？」と水を向けてきました。特集の冒頭は「ままならない日常に泣きたくなることもあるけれど、子どもがいて、仕事がある。それって、やっぱり、幸せなことじゃありませんか？」という投げかけから始まります。

子どもがいて……仕事があって……幸せ？　ん？　ちょっと待って？　「おかしいでし

ょ、その幸せの構図。パパが脱落してない？　夫はどこにいるの？」私がそう言うと、彼女も「確かに」と苦笑《にがわら》い。

でも、言われるまで気がつかないくらい、働くママの頭の中は仕事と子ども、そしてそれに付随する家事のことでいっぱいなのかもしれません。

この言葉が女性誌の特集の冒頭に来たということは、特集を書いた人も、編集長も、**パパ不在に何も疑問を持たなかった**からでしょう。それは、おそらく日本中の多くの家庭で、パパというのか夫は、女性が日々の生活の中で充実感をいだける対象になっていないのかもしれません。あるいは、充実感をもたらしてくれる対象ではないと言えばいいのでしょうか。

ツイッターで話題になった「育児の三種の神器」。抱っこひも、電動自転車、授乳クッションといった子育てお助けグッズのほかに、YouTubeやEテレ、アンパンマンなど、子どもが好むテレビやビデオも多くの支持を集めています。

「神器」とありますが、忍耐力、気力といった精神的な回答も。２００強の回答をつらつらと眺めながら数えてみると、「夫」という答えは16個。実家、実母など、自分の親族を挙げた人と同数でした。

でも、いちばん多くの支持を集めたのは、ツイッターそのものでした。特に子どもの小さい時期、誰かにいちいち話すまでもないようなこと、誰かに話したくても、その場に相手がいないときでも、自由につぶやくことのできるツイッターは、精神安定剤なのかもしれません。

そんなことを考えながら、ツイッターを見ていたら、ひつじさんという２人のお子さんのママがこんなツイートを。

夕食は５歳の希望で焼そばだったのですが、先に食べ始めていた２歳のお皿が空だったので（人参も玉葱も完食）２歳くんよく食べたねー！偉いねえ！と褒《ほ》めちぎり２歳も満更でもない顔をしていたのですけれど、先程ゴミを纏《まと》めようとゴミ箱の蓋を開けたら、そこには焼そばが居ました。死にました。

笑いごとじゃない……のですが、笑ってしまいました。そして、ふと思ったのです。これを、家で「まったく！」って怒ったら、脇で「すげ〜。よく考えたな！」と、ゲラゲラ笑う夫がいたら、妻としては、怒っているのが馬鹿らしくなって一緒に笑っちゃったりするんじゃないか、と。

ともすれば、パパはいなくても、ものがまわってしまいがちだけれど、ツイッターにだけでなく、パパにもツイートしてみましょう。家事のことでも、子どものことでも。

それにまったく反応がない人だったら、それは、戦力外。不在扱いされても仕方がない。でも、反応してくれたら、ツイートしつづけるのはどうでしょう？

もちろん、思い通りの反応は来ないこともあるかもしれません。でも、怒られたり、笑われたり、よかったなぁ、と共感してもらえたり。そんな**生《なま》の感情のやりとり**って、実は案外楽しいと思います。

ママ業20年、パパはまだ赤ん坊

子どもが20歳になりました。

ふだんやりとりしているSNSなどで友人がつぶやくと、まわりから「おめでとう。ママ業20歳」「頑張ったね！」といったメッセージが飛び交います。社会人になったときも、「お疲れさま。ママも頑張りました」「ママ業卒業だね！」と、母も一緒に祝ってもらいます。

私は長く働くお母さん同士のネットワークに入っていたので、子どもの成長のそれぞれのステージで、「育児か仕事か」「この反抗期をどうするか」「また、呼び出しだ！」「残業で帰れない」といったグチと悩みを共有してきた友人が何人かいます。

仕事との両立や親の介護、子どもの対応、学校とのやりとり。いろいろな悩みを共有してきただけに、よそのお子さんとはいえ、成人したと聞けばうれしいし、友人の苦労を思い出すと感無量。ついつい、「ママもおめでとう」と書きたくなってしまうのです。

が、私に男友だちが少ないせいか、男性だと子どもの誕生日、子どもの卒業式といった書き込みを見かけることがありません。また、書き込む人がいても、「パパ業も20年ですね」といった書き込みは、まったく見たことがないのです。

これって、**ママは子どもとともに、母として育つけれど、パパは育たないのが当たり前**だから？

以前、紙おむつメーカーの、ママが子どもの1歳健診を受けている間に、パパが診察室の外側に、この1年の写真を飾って、ママが出てきたところで、「ママ1歳おめでとう」とケーキを渡すというCMが話題になったことがありました。

ママたちは、1年間の写真を振り返り、パパに「おめでとう!」と言われて、一様に涙を流して喜びます。なんて素直で、やさしい妻たちだ……と、ひねくれものの私は暗澹《あんたん》とした気持ちでCMを見ました。

本来なら、「ママ1歳はパパ1歳」でもあるわけです。あなた、なにを他人事《ひとごと》みたいに、「ママおめでとう」なんて言っているのよ。あなたも、パパ1歳なんだから、「親業1歳だね」とふたりで祝うところでしょう。そう思うと、画面で「よく頑張ったね」とママを褒めているパパにモヤモヤしてしまいます。

1年目にしてこの状態だと、子どもが20歳になる頃には、子ども20歳、ママ歴20年、そして、パパは成長せず、というバランスの悪い家族ができてしまいそう。

そして、成長せぬまま、定年を迎えているようになったら……。そう思うと、ちょっと面倒でも、「二人三脚だよ、わかってる?」「ふたりでやるのよ。自覚してね」と言いつづける必要がありそうです。そして、何より、**手伝ってくれてありがたい、というこちらの意識を、「ふたりで一緒に育てていくんだ」に切り替えていくことが、大事**なのかなぁと思います。

愛情と義務の切り分け方

家事をするのは家族のため。愛情を込めてごはんをつくり、心を込めて家を整えましょう。まあ、理想はそうかもしれません。先日読んだ本には、愛情と義務の切り分け方が紹介されていました。

『バウンダリー』（"The Boundaries"）というカウンセラーの書いた本に、愛情でやることには、ヒモがついていない、とありました。

ちょっとたいへんでも、それをすることがうれしかったり、楽しかったりするのが愛情。逆に、それを負担に感じたり、あとで、「ここまでやってあげたじゃないの！」と思うのは義務だ、というわけです。

そして、ここがおもしろいと思うのですが、やってあげたと負担に感じたり、やらなければならないことにイラッとする、別の言葉で言うと怒りを感じるものは要注意だ、と著者のジョン・タウンセンドさんとヘンリー・クラウドさんは言います。

そうしたイラッとした気持ちや怒りは、注意信号になるからです。つまり、そのイライラした気持ちを放っておくと、やがて自分が傷ついたり、相手からコントロールされるようになってくる、というのです。

そこで紹介されていたのは、家族みんなでごはんを食べたいと思っているTさんという人の話。

彼女は、夫にごはんに間に合うように帰ってきてね、と頼みますが、彼はいろいろ言いわけをして、時間通りに帰ってきません。彼女はイライラしながら、子どもたちと彼の帰宅を待っていました。

が、あるとき、待つことで夫に軽んじられていると感じ、悲しい気持ちになることに気がついて、待つことをやめました。そして、子どもたちとごはんを食べて片づけてしまうようにしたのです。

最初は文句を言っていた夫が、結局は早く帰ってきて、一緒に食事をするようになった、というのがその顚末《てんまつ》です。

たとえば、帰りの遅い夫の夕飯を、たいへんだと思いながら温《あたた》めるのを「やめたい」と相談してみる。「そんなこと言ったら、ぶち切れられて大げんかになるわ」と言った友人がいますが、だからといって相手を怒らせないように、黙って相手の言うことを聞いているのは、結局相手の意のままに動くこと、言葉を換えればコントロールされていることなのです。

日本では、丸く収めることは大事なこと、ぶつからないこと争わないことは大事なことだと、和がことのほか強調されます。

「あなたが我慢すればまるく収まる」という立場に、日本の女性は置かれがち。でも、我慢するのが本当に愛情かというと、きっとそうではないでしょう。むしろ、それは義務感をともなう我慢です。

それは、愛情とは別のものだ、と心の中でしっかり線を引いてもいいのではないかと思います。

そうやって波風立てずに、これからも我慢していくことがつらくなければ、それはそれでいいかもしれません。でも、**気力と体力のあるうちに、無理なことをやんわり「できない。どうしたものか」と相談してみるのはあり**ではないでしょうか。

だって、相手は、一生懸命育てていかなくちゃならない乳飲み子ではなく、パートナーなのですもの。

「できない人」をつくらない

先日「夫婦の生活見直し講座」をやったとき、開口一番ある女性が言いました。

「主婦って定年がないのよね」

パートナーは定年して数年。でも、現役当時と変わらず家の中のことは、一切やらず、朝ごはんも、温かい焼き魚とごはんは欠かせない、とのこと。彼が起きるのが遅くて、ごはんが冷めてしまうと、「温めて」と言われるのだとか。

「で？　温めるんですか？」驚いて私が聞くと、「だって、かわいそうでしょう？」と彼女。それが愛情というもの……なわけですが。

たいへんだから、かわいそうだから、こちらが代わりにやってあげる。それは相手を気にかけるからこその行為ですから、それを愛情だと考えることも、理解できなくはありません。

でも、いつまでも手を出していたら、人はできないままです。たとえば小さい子どもは自分でボタンをかけられません。母親がやってあげれば、そのほうが早いけれど、それではボタンがかけられない子どもになってしまいます。

最近はトイレの自動洗浄が一般化してきましたが、自動で水が流れるトイレがある家で育つと、幼稚園に行ってトイレを使った後に、水を自分で流せない、流す必要があることに気がつかない、という話を聞いたことがあります。

だから、できることは、自分でできるようになってもらうことは、人の独立という意味で欠かすことができません。

子どもなら、将来家を出たとき、パートナーと住みはじめたとき、夫なら、自分が不在のとき、体調を崩《くず》したとき、あるいは、どちらかの親の介護で忙しくなったとき、ひとりで困らずに済むことは何より大切です。

「私がやったほうが早いから」

「結局、私の思う通りにあの人はできないから」

こう言って手を出すことは、やればできるかもしれない人を、できない人にしてしまうことです。

そのほうが効率的に見えても、できることまでやってあげつづけることは、やればできるようになるチャンスと能力をつぶしてしまうことにつながります。

家族に継続的に家事をやってもらうためには、まずは、自分の思い通りにならなくてもイライラしないものから、彼に、子どもに、任せてみるのはどうでしょう。

彼らのやり方を眺め、一緒に楽しんでみてください。

なるほど〜そういうやり方もあるか。なんで、そうやったの？　声をかけ、相手の反応を楽しむ。

頼んだことを相手が忘れていても、フォローに入らない。こちらの責任だ、他の家族が困る、世間体が悪い、なんていうことはちょっと脇に置いて。誰かが文句を言って怒りだすまで、家族の反応を楽しむ。

自分のやるべきことは粛々《しゅくしゅく》とやるけれど、相手がやらないことは、知らん顔。それで、自分が困るときだけ、ちょっと動く。

そんなふうに**尻拭《しりぬぐ》いをやめてみると、家族の関係も変わってきます**。多少時間はかかっても、少しずつ、いままでしてもらっていた尻拭いをされなくても、家族が動くようになっていけばしめたもの。

それで以前より、ちょっとほこりの量が増えたって、多少、買ってきたおかずが食卓にのぼるようになったって、それはそれでいいではないですか。

「疲れた、なんで私ばかり」と言いながら、ピカピカできれいなおうちで栄養満点のごはんをテレビを見ながら食べるより、そのほうが幸せじゃないかなぁ、と思うのです。

著者略歴

一九六一年、東京都に生まれる。一九八四年、国際基督教大学を卒業。繊維メーカーや証券会社で翻訳や調査に携わったあと、フリーの翻訳者に。ある本の翻訳をきっかけに、重曹や酢などの自然素材を使った家事に目覚め、研究を始める。二〇〇二年、『キッチンの材料でおそうじするナチュラルクリーニング』（ブロンズ新社）を出版。以降、掃除講座や執筆活動を展開中。二〇一六年、上智大学大学院グローバル・スタディーズ研究科博士前期課程修了（修士号取得）。

著書には『家事は８割捨てていい』（宝島社）、『常識やぶりの「家事半分」術』（ＰＨＰ研究所）、『「家事のしすぎ」が日本を滅ぼす』（光文社新書）などがある。

もう「女《おんな》の家事《かじ》」はやめなさい
――「飯炊《めした》き女《おんな》」返上《へんじょう》が家族《かぞく》を救《すく》う

二〇一九年一二月九日　第一刷発行

著者　佐《さ》光紀子《こうのりこ》
発行者　古屋信吾
発行所　株式会社さくら舎　http://www.sakurasha.com
東京都千代田区富士見一-二-一一　〒一〇二-〇〇七一
電話　営業　〇三-五二一一-六五三三　ＦＡＸ　〇三-五二一一-六四八一
編集　〇三-五二一一-六四八〇
振替　〇〇一九〇-八-四〇二〇六〇

装丁　アルビレオ
装画　INGRAM PUBLISHING／アフロ
印刷・製本　中央精版印刷株式会社

ISBN978-4-86581-226-8